Italien

Kochen und verwöhnen mit Originalrezepten

Italien

Kochen und verwöhnen mit Originalrezepten

Rezepte und Text: Cornelia Zingerling-Haller

Fotos: Barbara Lutterbeck

Italien – ein Stiefel voller kulinarischer Köstlichkeiten:

Gehen Sie mit auf eine Schlemmerreise durch »Bella Italia«,

und schauen Sie in die Kochtöpfe der echten *cucina italiana*.

INHALT

DIE REZEPTE

EXTRAS

Buon appetito

»Nach Norden heißt *müssen*, nach Süden heißt *wollen*« – so ähnlich hat ein Dichter einmal die Sehnsucht beschrieben, die wir alle haben: die Sehnsucht nach warmer Luft, nach Meeresrauschen, nach Palmengeraschel, nach Sommerdüften …

Italien erfüllt all diese Sehnsüchte verlässlich. Es ist nach wie vor das klassische Reiseland mit antiker Kultur, herrlicher Landschaft und einer Lebensart, die in uns »den Italiener weckt«, und die da bedeutet, nicht alles allzu ernst zu nehmen und das Leben zu genießen.

Und genießen kann man in Italien besonders eines: das Essen – es verführt Augen, Nase und Gaumen. Jeder kennt den Anblick einer dampfenden Schüssel Nudeln mit Tomatensauce, den Duft einer frischen Pizza aus dem Steinofen, den Geschmack einer saftigen *fiorentina* vom Rost oder das Aroma einer eben aufgebrühten Tasse *caffè*.

All diese und noch viel mehr Köstlichkeiten erwarten Sie in diesem Buch – auf der Reise durch eine der besten Küchen der Welt.

Cornelia Zingerling-Haller

Regionaltypische Produkte sind die Grundelemente der »italienischen« Küche jeder Gegend.

Frisch vom Feld – so schmeckt sonnen-
gereiftes Gemüse einfach am besten.

SONNENFRÜCHTE

In Süditalien werden verschiedene Orangensorten kultiviert, und sie spielen dort nicht nur in Süßspeisen eine Rolle, sondern werden besonders gerne auch zu pikanten Speisen, z. B. als Salat mit Oliven und Zwiebeln oder als Zutat zu deftigen Sardinengerichten verwendet.

Italien lädt ein

Auch wenn Pizza und Spaghetti wahrscheinlich die bekanntesten Vertreter der italienischen Küche sind, so hat Italien doch eine uralte und lange kulinarische Tradition mit deutlichen regionalen Unterschieden.

Mittlerweile weiß so gut wie jeder, was eine *bruschetta* ist, woraus ein *carpaccio* besteht und was alles in den *bollito misto* gehört. Für Italiener ist ihre Küche natürlich »die beste der Welt«, und in der Tat wird nirgendwo so einfach und dabei so köstlich gekocht, alles ist von schlichter Raffinesse, und dazu meist noch kalorienarm und schnell zuzubereiten.

Italien ist eine Küche der Frauen – hier kocht in vielen Trattorien oder zu Hause noch *la nonna*, die Großmutter, oder *la mamma* nach überlieferten Rezepten, immer mit viel Liebe und Hingabe und meist mit den einfachsten, aber hochwertigen Zutaten. Um diese zu besorgen, geht die Hausfrau am liebsten auf den Markt, wo täglich alles frisch angeboten wird, was es für ein gesundes und schmackhaftes Mahl braucht. Meistens schaut sie sich das Warenangebot dort erst einmal an und plant dann den Einkauf für das Mittags- beziehungsweise Abendmenü.

Frisch vom Markt auf den Tisch

Es gibt wohl kaum etwas Inspirierenderes, als in der Morgensonne über einen italienischen Markt zu schlendern und all die bunten Obst-, Kräuter- und Gemüsestände zu bewundern. Daneben bieten Käsehändler ihre Ware an, bei den Schinken- und Wurstständen liegen die besten *prosciutti* und *salumi* in der Auslage – nicht zu vergessen die Händler mit zig Olivensorten oder jene, die prall gefülle Säcke mit Hülsen- und Trockenfrüchten anbieten. Es versteht sich von selbst, dass die italienische Hausfrau hier »ihre« Händler hat, so wie sie auch Brot und Gebäck beim Bäcker ihres Vertrauens kauft. Das Gleiche gilt natürlich auch für Fisch: Geradezu filmreif sind viele Fischmärkte, beispielsweise der in Venedig oder in Chioggia. Die Auswahl an frisch angelieferten Fischen und Meeresfrüchten ist gigantisch und hier feilscht der Koch des angesagten Sterne-Tempels genauso wie *la mamma*.

Essen für Leib und Seele

Die italienische Küche gibt es nicht. Denn Italien ist ein großes und vor allem langes Land mit den verschiedensten Klimazonen – von den Alpen im Norden über die Mittelgebirge bis zu den mediterranen Küstengebieten und südlichen Regionen hat jede Gegend ihre besonderen Zutaten und bestimmten Kochtechniken. Generell wird im Norden üppiger gekocht, mit mehr Butter und Sahne, gehaltvollen Eintöpfen und Ragouts, wohingegen im Süden hauptsächlich Olivenöl verwendet wird und sehr viel Gemüse und Salat auf dem Speiseplan stehen.

Aber ob Nord oder Süd: Alle Italiener essen und trinken leidenschaftlich gern, und Mahlzeiten dauern oft Stunden – besonders an Sonn- und Feiertagen oder zu besonderen Anlässen wie Geburtstags- oder Hochzeitsfeiern. Auch trifft man sich gerne mit Freunden zum Essen, und alles, was irgendwie mit Kochen und Essen zu tun hat, ist Gesprächsthema Nummer 1.

Speisen-Plan auf Italienisch

Das Frühstück *(la colazione)* fällt in Italien meist karg aus – ein Espresso, ein *macchiato* oder ein Cappuccino genügen oft, höchstens begleitet von einem Butterhörnchen oder einem Brioche. Gegen 10 Uhr geht man dann in eine der zahlreichen Tagesbars, trinkt wieder Espresso oder einen Capuccino und gönnt sich vielleicht ein *tramezzino*, ein dreieckiges und drei- oder vierfach gefülltes Sandwich, oder einen Toast, in der Regel getoastetes Weißbrot mit Schinken-Käse-Füllung – und eventuell auch ein Glas Weißwein. Dazu wird die *Gazzetta dello Sport,* die großformatige, rosafarbene Sportzeitung gelesen, und natürlich werden die aktuellen Sportereignisse und das Politikgeschehen heiß diskutiert.

Das Mittagessen *(il pranzo)* war traditionell die Hauptmahlzeit des Tages, bei der sich die ganze Familie um den Tisch versammelt. Heutzutage haben aber viele Frauen kaum noch Zeit, mittags ein komplettes Essen vorzubereiten; ein Teller Pasta, eine Suppe oder ein kurz gebratenes Stück Fleisch *(bistecca)* oder Fisch mit einem Salat genügen.

Das Abendessen *(la cena)* wird gegen 20 Uhr eingenommen und besteht oft aus mehreren Gängen – einer Vorspeise, einem Hauptgang und einem Dessert – begleitet von passenden Weinen. An Wochenenden, wenn Freunde zu Besuch sind und es etwas später wird, serviert der Gastgeber gegen Mitternacht gerne noch einen kalten Imbiss aus verschiedenen Wurstwaren, Schinken, Käse und eingelegten Gemüsen. Ebenfalls beliebt ist *Spaghettata di mezzanotte,* Mitternachtsspaghetti, so wie bei uns die mitternächtliche Gulaschsuppe.

SALUMI

Salumi ist der Oberbegriff für italienische Wurst, die es in Italien von Norden bis Süden in grenzenloser Vielfalt gibt. Ob feine Salami aus Mailand, milde Mortadella aus Bologna, die mit Fenchel gewürzte Finocchiona aus Florenz oder herzhafte Kaminwurzen aus Südtirol – geräucherte oder luftgetrocknete Würste sind in der italienischen Küche unentbehrlich als Antipasto. Klein gehackt würzen sie aber auch Füllungen oder Suppen und sind Bestandteil von Gerichten wie *Zampone* oder *Cotechino in galera.*

Die wichtigsten Zutaten

Bestes Olivenöl, feiner Essig und fruchtige Tomaten bestimmen die italienische Küche. Mittlerweile können auch wir in italienischen Spezialitätenläden oder in gut sortierten Supermärkten alle italienischen Originalprodukte kaufen.

1. Olivenöl (olio di oliva)

Ein gutes Öl hat ein verbraucherfreundliches Etikett, das die geografische Herkunft angibt (Region, z. B. Ligurien oder Toskana), den Jahrgang, die Klassifizierung und die Haltbarkeit. Kaufen Sie am besten nur kalt gepresstes Olivenöl der ersten Pressung (olio extra vergine di oliva oder olio di oliva vergine extra) Es ist das rein mechanisch gewonnene Produkt aus den Früchten des Ölbaums – gesund, schmackhaft und entgegen der weit verbreiteten Meinung hoch erhitzbar. Mosto wird das ungefilterte und damit leicht trübe Öl genannt. Es ist für viele die Delikatesse. Durch Filtern wird das Öl klar und die Haltbarkeit verlängert. Grundsätzlich hält sich Olivenöl extra vergine etwa ein Jahr, vorausgesetzt es wird dunkel und kühl (um 15°) aufbewahrt. Im Kühlschrank allerdings flockt Olivenöl aus. Öl, das unter 8° gekühlt wurde, schmeckt »gefroren« und ist ungenießbar. Welches Öl aus welcher Region man bevorzugt, ist reine Geschmackssache, z. B. schmeckt ligurisches Olivenöl wunderbar zu Fisch, das toskanische besonders gut zu Wild, Rind, Bohnen und rohem Gemüse, das umbrische passt gut zu gekochtem Gemüse und Suppen.

2. Oliven (olive)

Oliven finden sich auf der Antipasti-Platte genauso wie auf der Pizza, im Sugo für Pasta oder in Saucen für Fleisch- und Fischgerichte. Je nach Reifegrad sind Oliven grün, violett oder schwarz. Und je nach Standort, Boden und Klima schmecken die Früchte äußerst verschieden. So ist die kleine ligurische ›Taggiasca‹ äußerst aromatisch, die fast zwetschengroße ›Ascolane‹ sehr fruchtig. Oliven werden in Salzlake, luft- oder ofengetrocknet, mit oder ohne Würzzutaten in Öl eingelegt, pur und gefüllt angeboten. Oliven mit Stein schmecken aromatischer als die entsteinten. Mit Eisen-II-Glukonat schwarz gefärbte – ursprünglich grüne – Oliven möglichst nicht verwenden, ihnen fehlt es an Geschmack und Aroma.

3. Tomaten (pomodori)

In Italien kommen Tomaten fast jeden Tag in irgendeiner Form auf den Tisch: im Salat, getrocknet auf der Antipasti-Platte, als Zutat zu einer Nudelsauce, gefüllt, gegrillt oder zur Suppe verarbeitet. Die Wärme liebende Frucht wird im Mittelmeerraum vom Sommer bis in den Spätherbst geerntet. Bei uns ist die Zeit der sonnengereiften Tomaten leider nur kurz, und Treibhausware hat oft wenig Geschmack und Farbe. Für Saucen, Suppen, Nudeln, Gnocchi und Pizza greift man daher außerhalb der Saison besser zu Dosentomaten, für die immer vollreif geerntete Früchte verarbeitet werden. Neben ganzen geschälten Tomaten in der Dose (pelati) gibt es Tomatenstücke (polpa di pomodoro), passierte Tomaten (passata di pomodoro) und Tomatenkonzentrat beziehungsweise Tomatenmark (concentrato di pomodoro), außerdem getrocknete sowie getrocknete in Öl eingelegte Tomaten.

4. Aceto balsamico

»Balsamessig« ist vergorener Traubenmost aus weißen Trebbiano-Trauben, dem alter Weinessig zugesetzt wird. Das Originalprodukt muss auf dem Etikett als ›Aceto balsamico tradizionale di Modena‹ oder ›Aceto balsamico tradizionale di Reggio Emilia‹ gekennzeichnet sein. Es ist dunkel und dickflüssig – und teuer, weil seine Herstellung aufwändig und langwierig ist. Doch schon eine winzige Menge davon auf einem gegrillten Rindersteak oder auf einem Span Parmesan – ein Gedicht! Und sogar Obst, z. B. Erdbeeren, verleiht aceto balsamico einen ganz ungewöhnlichen, hervorragenden Geschmack.

Weitere italienische Zutaten

Kräuter sind in der italienischen Küche unverzichtbar.
Einige Arten sollte man nur frisch verwenden, beispielsweise Basilikum,
andere dagegen entfalten auch getrocknet ein unvergleichliches Aroma, etwa Oregano.

1. Basilikum (basilico)

Unverzichtbares Kraut der gesamten Mittelmeerküche. Schon bei der kleinsten Berührung verströmt es seinen unverwechselbaren Duft. Basilikum gehört zu Salaten, an Tomatensaucen, auf Pizza, und es ist der Hauptbestandteil des ligurischen *pesto*, einer Sauce aus Basilikum, Pinienkernen, Parmesan, Olivenöl und Knoblauch. Am besten schmeckt Basilikum, wenn die Blätter kurz vor der Blüte geerntet werden. Es schmeckt nur frisch oder allenfalls tiefgekühlt – auf diese Weise kann man sich ein Stück Sommer in den Winter hineinretten. Trocknen lässt sich Basilikum nicht, es verliert seinen Geschmack.

2. Rosmarin (rosmarino)

Der im Mittelmeerraum wild wachsende Rosmarinstrauch mit seinem betörenden Duft ist nicht wegzudenken aus der italienischen Küche. Rosmarin passt zu Gemüsegerichten genauso wie zu Fleisch und Fisch und verleiht sogar einigen Süßspeisen, z. B. einer *panna cotta,* ein besonderes Aroma. Eine geradezu perfekte Kombination ist die von Rosmarin mit Brot (siehe das Rezept Focaccia, Seite 40). Rosmarin – ob frisch oder getrocknet – muss immer mitgekocht werden, um sein typisches Aroma zu entfalten. Am besten hält sich das Aroma, wenn ganze Zweige getrocknet werden. Zum Einfrieren eignet sich Rosmarin nicht gut.

3. Thymian (timo)

Thymian ist ein wild wachsendes Kraut der mediterranen Macchia. Er ist ein ausgesprochenes Fleischgewürz, insbesondere in Kombination zu Schwein, Lamm, Rind und Wild, würzt aber auch Kartoffeln, Tomaten, Paprika oder Zucchini. Seine verdauungsfördernde Wirkung macht ihn zur idealen Würzzutat für schwere und fette Speisen. Beachten Sie, dass getrockneter Thymian ungefähr die dreifache Würzkraft von frischem besitzt. Auch Thymian ist zum Einfrieren nicht geeignet.

4. Salbei (salvia)

Noch ein typisch italienisches Macchiakraut, das in der *Saltimbocca alla romana*, dem mit Schinken und Salbei gefüllten Kalbsschnitzel, wohl allen Italienfans bekannt ist. Salbei schmeckt aber auch in Öl gebraten (als Beigabe zu Fleisch oder Fisch) und gehört in die Marinade vieler Wildgerichte. Unverzichtbar ist das Kraut im piemontesischen *Tonno di coniglio* (Rezept Seite 36). Salbei lässt sich gut trocknen, schmeckt aber dann herber und leicht harzig. Einfrieren ist für dieses Würzkraut eine ideale Konservierungsmethode: Dafür legt man die frischen Salbeiblätter am besten zwischen mit Olivenöl bestrichenes Pergamentpapier oder Alufolie.

5. Oregano (origano)

Oregano ist ein im Mittelmeerraum beheimatetes Kraut und eines der wichtigsten Kräuter in der italienischen Küche. Das Aroma der winterharten Sorten ist abhängig von Klima und Bodenbeschaffenheit. Frischer Oregano ist äußerst aromatisch und verleiht Pizzas, Suppen, Eintöpfen und Saucen – insbesondere Tomatensaucen – den typischen, herbwürzigen Geschmack. Oregano lässt sich aber auch gut trocknen, er behält dabei sein kräftiges Aroma. Frische Blätter kann man im Kühlschrank in einer Plastiktüte aufbewahren oder auch einfrieren. Oregano ist nah mit dem Majoran verwandt – beide Kräuter zusammen sollte man aber nicht verwenden.

6. Rauke (rucola)

Rauke ist ein auch hier zu Lande seit einiger Zeit sehr beliebtes und vor allem unter seinem italienischen Namen angebotenes, sehr aromatisches Salatkraut. Rucola ist mit dem Senf verwandt, hat lange, lanzenförmige Blätter und gehört in Italien in jeden gemischten Salat. Aber auch solo, etwa in Olivenöl sautiert, im Risotto oder zu Pasta schmeckt Rucola fantastisch. Vor der Verwendung schneidet man die langen, harten Blattstiele ab.

Weitere italienische Zutaten

Italienische Speisen bestechen durch Einfachheit und Wohlgeschmack. Und das Geheimnis dieser Kombination liegt unter anderem darin, dass die einheimischen Gemüse, Gewürze oder auch Obst nicht zuletzt aufgrund des warmen Klimas hocharomatisch werden.

7. Fenchel *(finocchio)*

Fenchel ist eine mehrjährige Pflanze aus Südeuropa, die seit Jahrtausenden in der Küche genutzt wird: die fleischigen Blätter als Gemüse, das Grün als Würzkraut und die Samen als Gewürz. In Italien wird vor allem Gemüsefenchel kultiviert, von dem man von den Knollen über die Stängel bis zu den zarten Blättchen alles verwendet. Auch die würzig-süßen Samen finden in vielen italienischen Gerichten Verwendung, beispielsweise in Broten, salzigem Gebäck und in Würsten. Vor allem aber Fisch und Meeresfrüchte profitieren ungemein vom anisartigen Aroma des Fenchels.

8. Kapern *(capperi)*

Kapern sind die noch geschlossenen Blütenknospen des robusten und genügsamen Kapernstrauches, der überall entlang der italienischen Küsten wächst. Die besten Kapern kommen von der Insel Pantelleria, von den Liparischen Inseln und von der Südküste Siziliens. Je kleiner die Knospen, desto höher die Qualität. Kapern gibt es in Essiglake und in Salz eingelegt. Letztere müssen vor der Verwendung abgespült werden, da sie sonst zu salzig schmecken würden. Die aromatischen kleinen Knospen passen zu Salaten, Tomatensaucen, zu Nudelgerichten, aber auch zu Fisch und hellem Fleisch. Unverzichtbar sind sie im *Vitello tonnato* (Seite 22).

9. Getrocknete Pilze *(funghi secchi)*

Sie geben vielen Fleischragouts ein kräftiges Aroma. Besonders Wildbret und Rindfleisch, aber auch Gerichte mit frischen Pilzen erhalten durch sie zusätzliche Würze. In Italien werden hauptsächlich Steinpilze getrocknet angeboten. Sie sind eine vorzügliche Beigabe zu Risotto und einigen Pastasaucen. Vor der Verwendung müssen sie in lauwarmem Wasser eingeweicht werden. Die Einweichflüssigkeit kann gefiltert zum Aromatisieren von Suppen und Saucen weiterverwendet werden.

10. Safran *(zafferano)*

Safranfäden sind die getrockneten Blütennarben des Safrankrokus und ein hoch geschätztes Luxusgewürz. Das »teuerste Gewürz der Welt« wurde bereits im 10. Jahrhundert v. Chr. zum Kochen verwendet. Teuer ist Safran, weil die Ernte mühsam von Hand erfolgt. Zum Glück braucht man für die meisten Gerichte nur sehr geringe Mengen, meist genügen ein paar Fäden, um Risotti oder Pastagerichten eine aromatische, leicht bittere Note zu verleihen. Safran gehört aber auch in Fischsuppen, in Saucen auf Tomatenbasis und in süßes Gebäck. Safranfäden habe eine intensive orangerote Farbe. Je dunkler die Farbe, desto besser die Qualität. Die schönste Farbe und das feinste Aroma erzielt man, wenn man die Fäden in einem Mörser aus Keramik zerreibt. Bei Speisen mit wenig Flüssigkeit weicht man Safranfäden am besten in etwas lauwarmem Wasser ein und gibt das Safranwasser erst gegen Ende der Garzeit zu. Gemahlener Safran kann direkt zugefügt werden.

11. Zitronen *(limoni)*

Schon Goethe rühmte das »Land, wo die Zitronen blüh'n«. Vor allem in Sizilien gedeihen die Zitrusfrüchte ganz prächtig. Die Insel liefert 90 % der Zitronen italienischer Provenienz. Die Früchte wachsen an immergrünen Bäumen, die gleichzeitig blühen und Früchte tragen. In italienischen Rezepten kommen häufig Zitronen vor. Ihr Saft würzt Saucen, Gemüse, Fisch oder Fleisch, und die abgeriebene Schale der (unbehandelten) Früchte gibt vielen Gerichten erst den letzten Schliff. Sogar ganze Zitronenscheiben werden einigen pikanten Gerichten zugegeben (siehe das Rezept für die Entenkeulen auf Seite 94). Die Zedratzitrone *(cedrato)* ist groß und dickschalig und wird fast ausschließlich zur Herstellung von Zitronat verwendet. Sehr aromatisch schmecken aber auch ihre Blätter, etwa zu Schwertfisch- oder Seeteufelspießchen (Rezept Seite 114).

Pasta selbst zubereitet

Um echt italienisch Nudeln zuzubereiten sowie Pastagerichte zu kochen und zu servieren, bedarf es einiger nützlicher Utensilien.

Teigroller

Nudelteig muss immer sehr dünn ausgerollt werden. Dafür wird eine große Arbeitsfläche – z. B. ein Holztisch – mit Mehl oder Grieß eingestreut. Am besten arbeitet man mit einem langen Rollholz oder einem Teigroller aus Holz oder Marmor. Vorteile des Marmorrollers: An ihm bleibt kaum Teig kleben, und sein großes Gewicht macht das Ausrollen des Teiges leichter. Der Nudelteig wird damit portionsweise ausgerollt, bevor daraus Nudeln in der gewünschten Form geschnitten oder ausgestochen werden.

Nudelmaschine

Wer Pasta gerne selbst zubereitet, ist mit einer Nudelmaschine gut beraten. Vor dem Zuschneiden teilt man den Teig in Portionen und rollt ihn so oft durch die Walzen, bis er die gewünschte Dicke hat. Auch hier muss der Teig – wie beim Ausrollen von Hand auf der Arbeitsfläche – mit etwas Mehl oder Grieß bestäubt werden. Anschließend schneidet man die Teigplatten mit Hilfe des entsprechenden Aufsatzes in die gewünschte Form.

Chitarra

Die *chitarra* ist ein Gerät, das es in den Abruzzen schon seit dem 14. Jahrhundert gibt. Sie besteht aus einem rechteckigen Holzrahmen, der wie ein Webstuhl mit hauchdünnen Metalldrähten bespannt ist. Der Nudelteig wird dünn auf die Größe des Rahmens ausgerollt, auf die Drähte gelegt und mit Hilfe des Nudelholzes durch die Bespannung gedrückt. Dadurch erhält man Spaghetti in der typischen eckigen Form. Der Nudelteig besteht aus 400 g Hartweizengrieß, 4 Eiern und Salz (Zubereitung wie im Grundrezept für Eiernudeln Seite 44).

Nudelmaschinen haben ein Walzsystem und Vorsätze, mit denen die verschiedensten Nudeln zugeschnitten werden können. Für einige Maschinen gibt es sogar Vorsätze, mit denen man Ravioli herstellen kann.

Auf der *chitarra*, der Nudel-»Gitarre«, wird der dünn ausgerollte Teig durch die fest gespannten Drähte in rechteckige lange Nudeln zerschnitten, die in den integrierten, vorher leicht bemehlten Holzkorb fallen.

Der ideale Kochtopf für getrocknete Spaghetti ist hochwandig und besitzt einen siebartigen Einsatz, den man nach Ende der Kochzeit einfach aus dem Wasser hebt und die Nudeln darin abtropfen lässt.

Eine Käsereibe ist unentbehrlich zum Reiben von Hartkäse wie Parmesan, Grana Padano oder Pecorino. Die besten Geräte sind aus Edelstahl, aber auch Mühlen aus stabilem Kunststoff haben sich bewährt.

Italienischer Käse

Im Norden des Landes wird Käse meist aus Kuhmilch hergestellt, während im Süden Schaf- und Ziegenmilchkäse überwiegen.

1 Der feinste Parmesan (*Parmigiano reggiano*) kommt aus der Emilia Romagna. Wie Grana Padano (im Bild rechts) schmeckt er pur und ist ein klassischer Reibkäse.

2 Pecorino, den italienischen Schafkäse, gibt es in vielen Varianten: mehr oder weniger lange gereift und entsprechend mild bzw. pikant.

3 Cacciocavallo – hergestellt wie Provolone – ist ein delikater süditalienischer Tafel- und Reibkäse. Es gibt ihn auch geräuchert.

4 Bel Paese ist ein Kuhmilchkäse mit elastischem Teig, zartsäuerlich im Geschmack.

5 Provolone schmeckt je nach Reife mild bis pikant. Länger gereifter Provolone eignet sich zum Reiben.

6 Asiago ist ein milder bis würziger Schnittkäse aus Venetien. Fontina (oben), ein aromatischer Rohmilchkäse aus dem Aostatal, schmilzt besonders zart.

7 Gorgonzola wird in einer milden und einer würzigen Variante hergestellt. Er stammt wie der weiche, würzig-säuerliche Taleggio (unten) aus dem Norden.

8 Die Masse an Mozzarella ist aus Kuhmilch hergestellt – geschmacklich aber kein Vergleich mit der *mozzarella di buffala*, Büffelmilchmozzarella aus Kampanien.

9 Ziegenfrischkäse (rechts) passt gut zu pikanten Fruchtzubereitungen. Ricotta gibt es mit und ohne Salz, frisch und gereift sowie geräuchert.

KÜCHENGEHEIMNIS

Warum schmecken italienische Saucen, Suppen oder Schmorgerichte so unvergleichlich würzig und lecker? Das Geheimnis ist der *soffritto*, eine Art Röstgemüse, das in einem ersten Kochvorgang angeschwitzt wird, bevor andere Zutaten dazukommen.

Für gewöhnlich besteht ein *soffritto* aus Zwiebeln, Möhren und Stangensellerie, alles in winzige Würfel geschnitten. Als Faustregel für die Mengenverhältnisse gilt: 2 Teile Zwiebeln und Möhren, 1 Teil Sellerie. Dazu kann man ganz nach Geschmack noch Petersilie und Petersilienwurzel, Lauch, Knoblauch, Rosmarin, Thymian und Lorbeerblätter geben. Alle Zutaten werden in Olivenöl oder in ausgelassener *pancetta* (leicht durchwachsener luftgetrockneter Bauchspeck) angeschwitzt und unter ständigem Rühren hellbraun gebraten.

Unverzichtbar ist *soffritto* für viele italienische Schmorgerichte, beispielsweise für *Ossobuco* (Kalbshaxenscheiben), *Brasato* (Schmorbraten), *Ragù alla Bolognese* oder *Sugo di pomodoro* (Tomatensauce).

Sehr lecker schmeckt der *soffritto*, wenn man noch 1–2 EL Tomatenmark mitschwitzt. Tipp: Bei Fleischgerichten wird das Fleisch vor dem Gemüse für das *soffritto* angebraten, damit es gut bräunt.

Eine klassische würzige Mischung, die etlichen Gerichten erst das I-Tüpfelchen verleiht, ist die *gremolata*, bestehend aus Knoblauch, Petersilie und abgeriebener Zitronenschale. *Gremolata* gibt man traditionell über *Ossobuco* und generell über heiße Suppen ohne Sahne, sie passt aber auch hervorragend zu gebratenem oder gegrilltem Geflügel, zu Fisch sowie zu schlichten gebutterten Nudeln.

Wer es pikant mag, kann noch ein wenig gehackte Anchovisfilets hinzufügen.

Die italienische Käseplatte

Sie sollte aus mindestens drei ganz unterschiedlichen Käsesorten bestehen, z. B. aus einem weichen, einem Schnitt- und einem Hartkäse. Achten Sie auf die richtige Temperatur der Käse: In der Regel werden Käse bei 15–20° serviert. Frische, junge Käse lieben es etwas kühler, die reifen und Hartkäse wärmer. Also diese Käse früh genug aus dem Kühlschrank nehmen, damit sich ihr Aroma gut entfalten kann.

Das gehört dazu

Als Beigabe werden knuspriges Weißbrot, Grissini oder eine frisch gebackene *focaccia* und Butter serviert. Stellen Sie auch *mostarda* (Senffrüchte) oder Chutneys dazu – ihre leicht pikante Süße ist ein hervorragender Begleiter zu allen Käsen.

Die passenden Weine

Auch wenn sich die Kombination »Käse & Rotwein« hartnäckig hält – Weißwein passt zu fast allen Käsesorten besser! Günther Hölzl vom Meraner Weinhaus, von dem auch die Weintipps zu den Gerichten in diesem Buch stammen, empfiehlt Rotwein – etwa einen Merlot oder Cabernet – nur zu Parmesan und altem Pecorino. Ansonsten wählt er ausschließlich Weiße, und zwar aromatische Sorten mit leichter Restsüße wie z. B. Gewürztraminer, Kerner, Sauvignon oder Semillon.

Antipasti e Insalate

Kaltes und Lauwarmes, das auf das Mahl einstimmt

FÜR GEÜBTE
AUS DER LOMBARDEI

ZUBEREITUNG: 25 Min.
BRATEN: 1 Std. 30 Min.
ABKÜHLEN: 3 Std.

BEI 8 PERSONEN
PRO PORTION CA.: 365 kcal

FÜR 6–8 PERSONEN:

1 kg Kalbsnuss
Salz | Pfeffer, frisch gemahlen
1 Zwiebel | 1 Möhre
1 kleine Stange Lauch
1 Selleriestange
4 EL Olivenöl
1/4 l Kalbsfond

Für die Sauce:

2 Sardellenfilets
40 g in Salz eingelegte Kapern
175 g Tunfisch in Öl
(abgetropft)
2 Eigelbe | 2 EL Weißweinessig
1 EL Zitronensaft
1/8 l Olivenöl
Salz | Pfeffer, frisch gemahlen

Vitello tonnato
KALBFLEISCH MIT TUNFISCHSAUCE

1. Den Backofen auf 180° vorheizen. Das Fleisch von Fett und Sehnen befreien, mit Salz und Pfeffer einreiben.

2. Zwiebel, Möhre, Lauch und Sellerie schälen bzw. waschen und putzen, alles grob zerteilen. Das Öl in einem Topf erhitzen und das Fleisch mit dem Gemüse darin von allen Seiten kräftig braun braten.

3. Das Fleisch im heißen Ofen (Mitte, Umluft 160°) etwa 1 1/2 Std. braten, dabei immer wieder mit Kalbsfond und dem Bratensaft begießen. Das Fleisch aus dem Backofen nehmen, in Alufolie wickeln und etwa 3 Std. abkühlen lassen.

4. Für die Sauce den Bratenfond durch ein feines Sieb in einen Topf gießen und auf etwa 4 EL einkochen und abkühlen lassen.

5. Sardellen und 30 g Kapern abspülen, mit Tunfisch, Eigelben, Essig und Zitronensaft im Mixer fein pürieren, dabei das Öl in dünnem Strahl einlaufen lassen. Den kalten Bratenfond unterrühren, die Sauce mit Salz und Pfeffer abschmecken.

6. Das Kalbfleisch in dünne Scheiben schneiden, auf eine Servierplatte legen und mit der Sauce übergießen. Die übrigen Kapern kurz abspülen, trockentupfen und darüber verteilen.

GARNIEREN: mit dünnen Zitronenscheiben

GETRÄNK: Terra di Franciacorta bianco

FÜR ANFÄNGER
AUS VENEDIG

GEFRIEREN: 4 Std.
ZUBEREITUNG: 30 Min.
PRO PORTION CA.: 320 kcal

FÜR 4 PERSONEN:

300 g Rinderfilet (Mittelstück)
1 Tomate (150 g)
60 g Schalotten
1 Knoblauchzehe
150 g kleine Pfifferlinge
8 EL Olivenöl extra vergine
3 EL Aceto balsamico
3 EL gehackte Petersilie
Salz | Pfeffer, frisch gemahlen
40 g Parmesan am Stück

Carpaccio con finferli
CARPACCIO MIT GEBRATENEN PFIFFERLINGEN

1. Das Fleisch fest in Klarsichtfolie wickeln und für etwa 4 Std. in das Tiefkühlfach legen. Tomate kurz überbrühen, häuten, vierteln, entkernen und in 1/2 cm große Stückchen schneiden. Schalotten schälen und fein würfeln, Knoblauch schälen und durchpressen. Pfifferlinge putzen, eventuell kurz abbrausen.

2. 5 EL Olivenöl erhitzen, Schalotten und Knoblauch darin glasig anschwitzen. Mit Aceto balsamico ablöschen, Tomatenwürfel und die Petersilie hinzufügen, kurz heiß werden lassen, vom Herd nehmen, salzen und pfeffern.

3. Das restliche Olivenöl erhitzen und die Pfifferlinge darin von allen Seiten goldbraun braten. Salzen und pfeffern und auf Küchenpapier abtropfen lassen.

4. Das Rinderfilet aus der Folie wickeln, auf der Aufschnittmaschine in 1–2 mm dünne Scheiben schneiden. Auf Tellern verteilen, die Pilze darauf verteilen und mit der Sauce beträufeln. Den Parmesan darüber hobeln.

GETRÄNK: ein leichter Jahrgangs-Chianti

VARIANTEN: Anstelle der gebratenen Pilze können Sie auch rohe Champignonscheibchen und rohe Tomatenstückchen verwenden. Oder Sie bestreichen die Teller mit einer dünnen Schicht bestem kaltgepresstem Olivenöl, verteilen die Filetscheiben darauf, bestreuen sie mit grob gemahlenem Pfeffer und garnieren mit Zitronenachteln und Basilikumblättchen. Dazu separat Olivenöl reichen.

Kräuteraromatisch, knoblauchwürzig und farbenfroh – marinierte Paprikaschoten sind eine Quintessenz mediterraner Küche.

Peperoni all'aglio
PAPRIKASCHOTEN MIT KNOBLAUCH

FÜR ANFÄNGER
FÜR GÄSTE

ZUBEREITUNG: 30 Min.
MARINIEREN: 30 Min.
BEI 8 PERSONEN
PRO PORTION CA.: 80 kcal

FÜR 6–8 PERSONEN:

je 300 g rote, gelbe und grüne Paprikaschoten
3–4 Knoblauchzehen
1 Zweig Rosmarin
2 Zweige Thymian
80 ml Olivenöl extra vergine
Salz | Pfeffer, frisch gemahlen

1. Den Backofengrill vorheizen. Paprikaschoten halbieren, putzen und mit der Hautseite nach oben auf einen mit Alufolie bedeckten Grillrost legen. Unter dem Grill etwa 10 Min. backen, bis die Haut schwarz wird und Blasen wirft.

2. Die Schoten sofort mit einem feuchten Tuch bedecken, kurz ruhen lassen und die Haut abziehen. Die Paprikahälften nochmals halbieren.

3. Die Knoblauchzehen schälen und in dünne Scheibchen schneiden. Die Kräuter waschen und trockentupfen.

4. Die Paprikaschoten auf einer Servierplatte anrichten, mit Öl beträufeln, mit Rosmarinnadeln, Thymianblättchen und Knoblauchscheiben bedecken. Salzen, pfeffern und vor dem Servieren zugedeckt mindestens 30 Min. ziehen lassen.

GETRÄNK: Vernaccia di San Gimignano

TIPP!
Wer mag, kann das Öl mit 2 EL Aceto balsamico vermischen.

Prugne valligiane
PFLAUMEN IM SPECKMANTEL

FÜR ANFÄNGER
AUS DEM AOSTATAL

EINWEICHEN: 1 Std.
ZUBEREITUNG: 40 Min.
PRO STÜCK CA.: 125 kcal

FÜR 18 STÜCK:

18 Trockenpflaumen ohne Stein
1/4 l Weißwein
18 gehäutete Mandeln
9 Scheiben Frühstücksspeck

Außerdem:

18 Holzstäbchen

1. Die Pflaumen 1 Std. im Weißwein einweichen, herausnehmen und trockentupfen (den Wein aufbewahren).

2. Den Backofen auf 220° (Umluft 200°) vorheizen. Die Mandeln in die Pflaumen stecken, die Speckscheiben quer halbieren und um jede Pflaume 1 Scheibe wickeln. Mit Holzstäbchen fixieren.

3. Die Pflaumen in eine ofenfeste Form geben, mit der Weißweinmarinade knapp bedecken und im heißen Ofen (Mitte) 15 Min. garen. Zwei bis drei Mal wenden. Vor dem Servieren 10 Min. bei Zimmertemperatur ruhen lassen.

GETRÄNK: ein leichter Rotwein, z. B. ein Gamay

VARIANTE: Sie können die Speck-Pflaumen statt im Backofen auch in wenig Öl in einer Pfanne knusprig ausbraten.

Der Begriff »Salumi« umfasst sowohl verschiedene Würste als auch Schinken und leitet sich von »salare«, einsalzen, ab.

ZUBEREITUNG: 20 Min.
PRO PORTION CA.: 490 kcal

FÜR 4 PERSONEN:

300 g gewässerter unge-
salzener Stockfisch (siehe
Rezept Seite 108)

Salz

2–3 Knoblauchzehen

75 ml Milch

50–75 ml Olivenöl
extra vergine

2 EL gehackte Petersilie

Pfeffer, frisch gemahlen

4 Scheiben Polenta (Fertig-
produkt)

Öl zum Braten bzw. für das
Backblech

Stocafisso mantecato
STOCKFISCHCREME

1. Stockfisch in 2–3 cm große Stücke
schneiden, mit leicht gesalzenem Wasser
bedecken und 10 Min. kochen. Die Knoblauchzehen schälen.

2. Stockfisch abgießen und mit Milch
und Knoblauchzehen in den Mixer geben.
Mixen und dabei langsam das Olivenöl
in dünnem Strahl angießen, bis eine
cremige homogene Masse entstanden ist.
Mit Petersilie, Salz und Pfeffer würzen.

3. Die Polentascheiben in einer Pfanne
in wenig Öl oder auf einem gefetteten
Backblech unter dem heißen Backofengrill goldbraun braten, die Stockfisch-
creme darauf verteilen und lauwarm
oder kalt servieren.

GETRÄNK: kräftiger Weißwein, z. B. ein
Lugana, oder ein leichter Rotwein wie
Bardolino

> **TIPP!**
> Wenn Sie gesalzenen
> Stockfisch (Klippfisch) ver-
> wenden, zum Einweichen nur
> Wasser (ohne Salz) verwenden
> und mit Salz bei der Zuberei-
> tung sparsam umgehen!
> *Stocafisso mantecato*
> schmeckt auch ausgezeichnet
> auf Bruschettascheiben.

Bagna cauda
DIPSAUCE FÜR GEMÜSE

1. Sardellen kalt abspülen und trockentupfen, den Knoblauch schälen und in
sehr dünne Scheibchen schneiden. Sardellen und Knoblauch in einen kleinen Topf
geben, das Öl dazugießen und alles bei
kleinster Hitze 30 Min. sieden lassen – der
Knoblauch soll keine Farbe annehmen!

2. Die Butter hinzufügen und langsam im
Öl schmelzen lassen. Das Gemüse in Streifen bzw. mundgerechte Stücke schneiden
und zur heißen Dipsauce servieren.

GETRÄNK: Dolcetto d'Alba

TIPPS!
Für die Rohkost eignen sich
Möhren, Stangensellerie,
Paprikaschoten, Chicorée,
Kopfsalatherzen und Cham-
pignons. Für das gedünstete
Gemüse kann man Zwiebel-
chen, rote Beten, Blumenkohl-
und Brokkoliröschen, Artischockenherzen sowie Fenchel
verwenden.
Ganz stilecht wird die *Bagna
cauda* übrigens in einem
Porzellan- oder Steingut-
töpfchen mit Handgriff und
integriertem Stövchen, der so
genannten *s' ciônfeta* serviert.

FÜR ANFÄNGER
AUS DEM PIEMONT

ZUBEREITUNG: 30 Min.
PRO PORTION CA.: 690 kcal

FÜR 4 PERSONEN:

8–10 eingelegte Sardellen
8–10 Knoblauchzehen
$^1/_4$ l Olivenöl extra vergine
40 g Butter

Außerdem:

etwa 500 g rohes, geputztes
Gemüse (siehe Tipp)
etwa 500 g gedünstetes
Gemüse (siehe Tipp)
italienisches Landbrot
(ersatzweise Bauernbrot)

Eine feinsüßliche Geschmacksnote bekommt der eingelegte Aal, wenn man zur Marinade 2–3 EL Rosinen gibt.

FÜR ANFÄNGER
AUS DEM PIEMONT

ZUBEREITUNG: 30 Min.
MARINIEREN: 2–3 Tage
BEI 6 PERSONEN
PRO PORTION CA.: 455 kcal

FÜR 4–6 PERSONEN:

2 mittelgroße Aale (etwa 1 kg, gehäutet und ausgenommen)
Salz | Mehl zum Wenden
etwa 100 ml Olivenöl

Für die Marinade:

1 Zwiebel
4 Knoblauchzehen
8 Salbeiblätter
2 EL Olivenöl
$^1/_4$ l Weißwein
3–4 EL Rotweinessig
Salz

Anguilla in carpione
MARINIERTER AAL

1. Die Aale abspülen, trockentupfen und in 5 cm lange Stücke schneiden. Salzen, in Mehl wenden und in heißem Öl von allen Seiten goldbraun braten. Auf Küchenpapier abtropfen lassen.

2. Für die Marinade Zwiebel und Knoblauch schälen, in feine Ringe bzw. Scheibchen schneiden und im heißen Öl glasig anschwitzen. Salbeiblätter hinzufügen, mit Wein und Essig ablöschen und auf kleiner Flamme in 5–10 Min. etwas einkochen lassen. Die Marinade mit Salz abschmecken und abkühlen lassen.

3. Die Aalstücke in die Marinade legen, so dass sie gut bedeckt sind. Zugedeckt 2–3 Tage kalt stellen. Mit frischem Weißbrot servieren.

GETRÄNK: Gavi oder Arneis

VARIANTE: Anstelle der Aalstücke kann man auch Kalbfleisch-Hackbällchen braten, die kräftig mit Wacholder, Zimt, Nelken und Minzeblättchen gewürzt wurden.

FÜR ANFÄNGER
AUS SIZILIEN

WÄSSERN: 3 Tage
ZUBEREITUNG: 30 Min.
MARINIEREN: 4–6 Std.
BEI 6 PERSONEN
PRO PORTION CA.: 615 kcal

FÜR 4–6 PERSONEN:

800 g gesalzener Stockfisch (Klippfisch)
2 Zwiebeln
Salz
50 g Zucker
200 ml Rotweinessig
Mehl zum Wenden
6–8 EL Olivenöl
3 EL gehackte Petersilie

Baccalà agrodolce
KLIPPFISCH SÜSSSAUER

1. Den Fisch 3 Tage wässern, das Wasser jeden Tag erneuern. Fisch von Haut und Gräten befreien und in 4 x 4 cm große Quadrate schneiden.

2. Die Zwiebeln schälen und in dünne Ringe schneiden. In 200 ml Salzwasser etwa 5 Min. köcheln lassen. Den Zucker hinzufügen. Wenn er sich aufgelöst hat, den Essig angießen und das Ganze weitere 5–10 Min. köcheln lassen.

3. Die Fischstücke in Mehl wenden und im heißen Öl von beiden Seiten in je etwa 3 Min. knusprig goldbraun braten.

4. Fischstücke in die Zwiebelmarinade legen, abkühlen lassen und für einige Stunden kalt stellen.

GARNIEREN: Vor dem Servieren mit gehackter Petersilie bestreuen.

GETRÄNK: Verdicchio di Matelica

Catalogna bildet Stauden von großen löwenzahnähnlichen Blättern mit charakteristischem herbbitterem Geschmack.

ZUBEREITUNG: 45 Min.
BEI 6 PERSONEN
PRO PORTION CA.: 130 kcal

FÜR 4–6 PERSONEN:

600 g Catalogna (Blattzichorie; siehe Einführungstext)
Salz
1 gelbe Paprikaschote
2 reife Tomaten
125 g Mozzarella

Für die Sauce:

1–2 Knoblauchzehen
Saft von 1 Zitrone
Salz | Pfeffer, frisch gemahlen
4 EL Olivenöl extra vergine
2 EL gemischte gehackte Kräuter (Petersilie, etwas Schnittlauch, Basilikum und Thymian)

Insalata di catalogna
CATALOGNASALAT

1. Die Catalogna putzen, die dicken Stiele entfernen, die Blätter waschen und in mundgerechte Stücke zerteilen. In kochendem Salzwasser 2–3 Min. blanchieren und abtropfen lassen.

2. Den Backofengrill vorheizen. Paprikaschote halbieren, putzen und mit der Hautseite nach oben auf einen mit Alufolie bedeckten Grillrost legen. Unter dem Grill etwa 10 Min. backen, bis die Haut schwarz wird und Blasen wirft.

3. Die Schote aus dem Ofen nehmen, sofort mit einem feuchten Tuch bedecken, kurz ruhen lassen und die Haut abziehen. Das Paprikafruchtfleisch in feine Würfel schneiden. Tomaten waschen, halbieren, vom Stielansatz befreien, entkernen und in feine Würfel schneiden. Mozzarella ebenfalls würfeln.

4. Für die Sauce den Knoblauch schälen und in ein Schüsselchen pressen. Zitronensaft, Salz, Pfeffer, Olivenöl und die gehackten Kräuter unterrühren.

5. Catalognablätter, Paprika-, Tomaten- und Mozzarellawürfel auf Tellern anrichten. Mit der Sauce beträufeln.

GARNIEREN: mit wachsweich gekochten geviertelten Eiern

ZUBEREITUNG: 45 Min.
MARINIEREN: 2 Std.
PRO PORTION CA.: 295 kcal

FÜR 4 PERSONEN:

500 g küchenfertiger Tintenfisch (frisch oder TK)
Salz
150 g gegarte geschälte Garnelen
2–3 Knoblauchzehen
1/2 Bund Petersilie
20 Basilikumblättchen
1–2 eingelegte rote Pfefferschoten (peperoni)
6 EL Olivenöl extra vergine
3 EL Zitronensaft
Pfeffer, frisch gemahlen

Insalata di mare
MEERESFRÜCHTESALAT

1. Tintenfisch waschen und in kochendem Salzwasser etwa 30 Min. garen. Das Wasser abgießen und den Tintenfisch in mundgerechte Stücke schneiden. Diese mit den Garnelen in einer Schüssel vermischen.

2. Knoblauch schälen und durchpressen. Petersilie waschen und trockentupfen. Die Blättchen abzupfen und mit dem Basilikum grob hacken. Peperoni in dünne Ringe schneiden, die Samen entfernen. Alle diese Würzzutaten mit Olivenöl, Zitronensaft, Salz und Pfeffer verrühren.

3. Tintenfisch und Garnelen mit der Marinade begießen, vermischen und für mindestens 2 Std. kalt stellen.

4. Den Meeresfrüchtesalat 15 Min. vor dem Servieren aus dem Kühlschrank nehmen und nochmals abschmecken.

GARNIEREN: mit Zitronenachteln
GETRÄNK: Greco di Tufo

In diesem Salat treffen Meer und Berge zusammen: frischer zarter Oktopus in einer Komposition mit deftigen Gerstengraupen aus dem grünen ligurischen Hinterland.

Insalata di orzo con polipi
GRAUPENSALAT MIT OKTOPUS

FÜR GEÜBTE
AUS LIGURIEN

ZUBEREITUNG: 1 Std. 20 Min.
BEI 6 PERSONEN
PRO PORTION CA.: 260 kcal

FÜR 4–6 PERSONEN:

400 g küchenfertiger Oktopus (möglichst kleine Exemplare)
3–4 Knoblauchzehen
2 EL Zitronensaft
5 EL Olivenöl extra vergine
Salz | Pfeffer, frisch gemahlen
2 EL gehackte Petersilie
2 EL gehacktes Basilikum
200 g Perlgraupen
$1/_2$ l Gemüsebrühe

1. Den Oktopus im Schnellkochtopf etwa 15–20 Min. garen, herausnehmen, etwas abkühlen lassen. Schleimige Stellen entfernen und den Oktopus in mundgerechte Stücke schneiden.

2. Knoblauch schälen. Aus Zitronensaft, 4 EL Olivenöl, durchgepressten Knoblauchzehen, Salz, Pfeffer und den gehackten Kräutern eine Vinaigrette rühren. Die Oktopusstücke mit der Vinaigrette vermischen und zugedeckt zum Durchziehen beiseite stellen.

3. Inzwischen die Graupen in der Gemüsebrühe in 35–40 Min. zugedeckt weich kochen, abgießen und mit dem restlichen Olivenöl vermischen.

4. Graupen auf Portionsteller verteilen, den Oktopussalat darauf geben. Das Gericht zimmerwarm servieren.

GARNIEREN: mit schwarzen Oliven, möglichst Taggiasca-Oliven aus Ligurien, und einigen Zitronenachteln

GETRÄNK: Vermentino

Prosciutto con fichi
SCHINKEN MIT FEIGEN

FÜR ANFÄNGER
AUS DEM FRIAUL

KÜHLEN: 15 Min.
ZUBEREITUNG: 10 Min.
PRO PORTION CA.: 245 kcal

FÜR 4 PERSONEN:

8 frische reife Feigen
150–200 g San-Daniele-Schinken, dünn aufgeschnitten (ersatzweise Parmaschinken)

1. Die Feigen für 15 Min. in den Kühlschrank oder in Eiswasser legen.

2. Die Schinkenscheiben auf einer Platte oder auf vier Tellern verteilen. Feigen abtropfen lassen, vierteln oder kreuzweise einschneiden und neben die Schinkenscheiben legen.

GARNIEREN: mit grob gemahlenem Pfeffer

GETRÄNK: Orvieto amabile

TIPP!
Salzig-pikant und fruchtig-süß harmoniert auch in Form von Salami und Melonenspalten bestens.

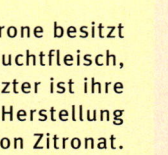
Die Zedratzitrone besitzt sehr wenig Fruchtfleisch, umso geschätzter ist ihre Schale für die Herstellung von Zitronat.

Dass Orangen nicht nur für süße Speisen geeignet sind, beweist der aromatische Salat aus Orangen, Zwiebeln und Oliven unten. Wer mag, kann noch dünne Fenchelscheiben untermischen.

Zigorisalat
SALAT AUS JUNGEN LÖWENZAHNBLÄTTERN

FÜR ANFÄNGER
AUS SÜDTIROL

ZUBEREITUNG: 10 Min.
BEI 6 PERSONEN
PRO PORTION CA.: 235 kcal

FÜR 4–6 PERSONEN:

4–6 Eier
800 g junge, zarte Löwen-zahnblätter
3 EL Essig
Salz
Pfeffer, frisch gemahlen
6 EL Öl

1. Die Eier wachsweich kochen, pellen und halbieren. Die Löwenzahnblätter waschen, trockentupfen und auf einer Platte an-richten. Die Eier darauf setzen.

2. Aus Essig, Salz, Pfeffer und Öl eine Vi-naigrette rühren, über den Salat gießen.

GETRÄNK: Südtiroler Weißburgunder

VARIANTE: Gehaltvoller wird der Zigori-salat mit Scheiben von Pellkartoffeln und ausgelassenen Speckwürfeln.

TIPP!
Junge Löwenzahnblätter findet man nur im Frühling. Außerhalb der Saison kann man den Salat sehr gut auch mit Rucola zubereiten.

Insalata di arance
ORANGENSALAT

FÜR ANFÄNGER
AUS SÜDITALIEN

ZUBEREITUNG: 15 Min.
PRO PORTION CA.: 160 kcal

FÜR 4 PERSONEN:

1 Zwiebel
2 Orangen
16 schwarze Oliven mit Stein
1 kleiner Kopf Eisbergsalat
4–6 EL Olivenöl extra vergine
1–2 TL Zitronensaft
Salz

1. Zwiebel schälen und in dünne Ringe schneiden. Orangen schälen, dabei die weiße Haut sorgfältig entfernen. Orangen quer in dünne Scheiben schneiden, even-tuell vorhandene Kerne entfernen. Von den Oliven das Fruchtfleisch in Streifen vom Stein schneiden.

2. Den Eisbergsalat in die einzelnen Blät-ter zerteilen, diese waschen und trocken-schleudern. Salatblätter auf vier Tellern verteilen, Orangenscheiben und Zwiebel-ringe darauf anrichten, die Olivenstreifen darauf verteilen.

3. Olivenöl, Zitronensaft und Salz gut mit-einander verrühren (so dass das Salz auf-gelöst ist) und über den Salat gießen.

GARNIEREN: nach Belieben mit grob geschnittener Petersilie

Nicht nur die Frucht, auch ihre Schale und Orangen-blütenwasser entfalten ein wunderbares Aroma in Speisen.

Tonno di coniglio heißt wörtlich übersetzt »Kaninchen auf Tunfisch-Art«, weil es wie der Fisch in Öl konserviert und mariniert wird. Anstelle von Kaninchen können Sie auch Huhn verwenden.

Olive farcite
GEFÜLLTE OLIVEN

FÜR KÖNNER
AUS DEN MARKEN

WÄSSERN: 6 Std.
ZUBEREITUNG: 1 Std. 15 Min.
PRO STÜCK CA.: 50 kcal

FÜR ETWA 45 STÜCK:

45 sehr große grüne Oliven mit Stein (Ascolana-Oliven, etwa 450 g)
1 Zwiebel
je 80 g Hähnchenbrust, Schweine- und Kalbsschnitzel
3 Knoblauchzehen
1 TL getrockneter Oregano
1 TL getrockneter Thymian
Salz | 1 Msp. Cayennepfeffer
1 Eigelb

Zum Panieren und Ausbacken:

reichlich Olivenöl
Mehl, verquirlte Eier und Semmelbrösel

1. Die Oliven mit dem Kirschentsteiner entsteinen und für mindestens 6 Std. in kaltes Wasser legen. Abtropfen lassen und trockentupfen.

2. Die Zwiebel schälen und halbieren. Das Fleisch in Stücke schneiden, Knoblauch schälen. Diese Zutaten zusammen im Mixer sehr fein pürieren. Die Masse mit den Gewürzen abschmecken und das Eigelb unterrühren.

3. Die Masse mit Hilfe eines Löffelstiels oder eines schmalen Spachtels in die Oliven füllen. Das Öl zum Ausbacken auf 180° erhitzen.

4. Die Oliven nacheinander in Mehl, verquirltem Ei und Semmelbröseln wälzen und im heißen Öl knusprig braun braten. Herausheben und auf Küchenpapier abtropfen lassen.

GETRÄNK: Rosso Piceno

Tonno di coniglio
EINGELEGTES KANINCHEN

FÜR GEÜBTE
AUS DEM PIEMONT

ZUBEREITUNG: 2 Std.
ABKÜHLEN: 2 Std.
MARINIEREN: 2–3 Tage
BEI 8 PERSONEN
PRO PORTION CA.: 430 kcal

FÜR 6–8 PERSONEN:

4 l kräftige Gemüsebrühe
1 küchenfertiges Kaninchen (1,8 kg)
1 Knoblauchknolle
etwa $^3/_4$ l Olivenöl extra vergine
etwa 20 Salbeiblätter
Salz | Pfeffer, frisch gemahlen
Saft von 1 Zitrone

1. Gemüsebrühe zum Kochen bringen. Das Kaninchen innen und außen kalt abwaschen, in die Brühe einlegen. Diese einmal aufkochen und das Kaninchen halb zugedeckt bei kleiner Hitze 1–1 $^1/_2$ Std. garen. Das Kaninchen in der Brühe erkalten lassen, herausnehmen, das Fleisch von den Knochen lösen und klein schneiden. (Die Brühe anderweitig verwenden).

2. Die Knoblauchknolle in die einzelnen Zehen zerteilen und diese schälen. Etwas Öl in einen Topf (am besten aus Steingut) gießen und eine Lage Kaninchenfleisch hineinschichten. Einen Teil der Knoblauchzehen und der Salbeiblätter darüber verteilen, kräftig salzen und pfeffern und weitere Schichten Fleisch, Knoblauch, Salbei, Salz und Pfeffer einlegen, bis alles aufgebraucht ist.

3. Das Ganze mit Öl bedecken, das Gefäß verschließen und an einem kühlen Ort 2–3 Tage durchziehen lassen. Zwischendurch kontrollieren, ob alles immer noch gut mit Olivenöl bedeckt ist.

4. Zum Servieren die Kaninchenstücke abtropfen lassen, auf kleinen Tellern anrichten, mit etwas Marinade und Zitronensaft beträufeln und mit reichlich grob gemahlenem Pfeffer bestreuen.

GARNIEREN: nach Belieben mit frischen (ganzen) Salbeiblättern

GETRÄNK: leichter Rotwein aus dem Piemont, z. B. ein Dolcetto d'Alba

Beim Belegen von Bruschette und Crostini sind der Fantasie keine Grenzen gesetzt.

Bruschette con pomodori
BROTSCHEIBEN MIT TOMATEN

ZUBEREITUNG: 20 Min.
PRO PORTION CA.: 115 kcal

FÜR 12 PERSONEN:

1 kg reife Tomaten
1 Bund Basilikum
Salz | Pfeffer, frisch gemahlen
12 Scheiben italienisches Weißbrot
4–6 EL Olivenöl extra vergine
4–6 Knoblauchzehen

1. Tomaten kurz überbrühen, häuten, vierteln, entkernen und fein würfeln. Basilikumblätter grob schneiden, mit Salz, Pfeffer und den Tomatenwürfeln vermischen.

2. Brotscheiben in einer trockenen Pfanne von beiden Seiten goldbraun rösten (oder toasten), mit Olivenöl beträufeln und mit den geschälten, halbierten Knoblauchzehen einreiben. Die Tomatenmischung auf den Brotscheiben verteilen.

GETRÄNK: Morellino di Scansano

VARIANTE: Ebenfalls lecker auf Bruschette ist der *Stocafisso mantecato* von Seite 26.

TIPP!
Außerhalb der Tomaten-Saison können Sie auch Tomaten aus der Dose verwenden.

Crostini con pasta di oliva
BROTSCHEIBEN MIT OLIVENCREME

ZUBEREITUNG: 10 Min.
PRO PORTION CA.: 135 kcal

FÜR 12 PERSONEN:

5 eingelegte Sardellenfilets
12 EL Kapern | 200 g schwarze Oliven, entsteint
1/2 TL Fenchelsamen
1 Msp. Cayennepfeffer
5 EL Olivenöl extra vergine
1 TL Zitronensaft
Salz | Pfeffer, frisch gemahlen
12 Baguette-Scheiben

1. Sardellenfilets, Kapern, Oliven, Fenchelsamen und Cayennepfeffer mit dem Olivenöl im Mixer pürieren. Die Creme in eine Schüssel füllen und mit Zitronensaft, Salz und Pfeffer abschmecken.

2. Die Brotscheiben in einer trockenen Pfanne von beiden Seiten goldbraun rösten (oder toasten), mit der Olivencreme bestreichen.

GETRÄNK: Prosecco di Valdobbiadene

VARIANTE: Lassen Sie Sardellenfilets, Kapern, Zitronensaft und Fenchelsamen weg, und pürieren Sie die Oliven zusammen mit 12 Walnusskernen, 1 Knoblauchzehe sowie ein wenig abgeriebener Zitronenschale.

Crostini con paté di fegato
BROTSCHEIBEN MIT LEBERPASTETE

ZUBEREITUNG: 20 Min.
KÜHLEN: 3–4 Std.
PRO PORTION CA.: 370 kcal

FÜR 10 PERSONEN:

je 250 g Geflügel- und Kalbsleber, pariert | 1 kleine Zwiebel
je 1 Zweig Rosmarin und Thymian | 4 Salbeiblätter
300 g weiche Butter
100 ml Marsala
Salz | Pfeffer, frisch gemahlen
40 ml Weinbrand
30 g eingelegte schwarze Trüffel
12 Scheiben Weißbrot

1. Leber in kleine Würfel schneiden. Die Zwiebel schälen und fein schneiden. Kräuter waschen und trockentupfen. 50 g Butter erhitzen, die Zwiebeln darin hellgelb anschwitzen. Leberwürfel mit den Kräutern hinzufügen und unter Rühren rasch goldbraun braten.

2. Die Lebermischung mit Marsala ablöschen, ein paar Minuten leicht köcheln lassen, salzen und pfeffern. Abkühlen lassen und die Kräuter entfernen.

3. Die Lebermasse durch ein Sieb streichen und mit der restlichen Butter zu einer cremigen Masse vermengen. Mit dem Weinbrand abschmecken. Die Trüffel in winzige Würfel schneiden, unter die Farce heben. Diese in eine Terrinenform füllen und für 3–4 Std. kalt stellen. Auf dem gerösteten Weißbrot servieren.

GETRÄNK: Gewürztraminer

Verwenden Sie für die krossen käsegefüllten Brote unten unbedingt *mozzarella di buffala*, also das Original aus Büffelmilch. Er ist zwar teurer als Mozzarella aus Kuhmilch, schmeckt aber unvergleichlich aromatischer.

FÜR ANFÄNGER
AUS LIGURIEN

ZUBEREITUNG: 20 Min.
RUHEN: 1 Std. 15 Min.
INSGESAMT CA.: 1915 kcal

FÜR 1 FLADEN:

300 g Mehl
1 TL Salz
21 g frische Hefe (¹/₂ Würfel)
1 TL Zucker
2 Zweige Rosmarin
60 ml Olivenöl
Mehl zum Verarbeiten
Öl für das Blech
2 EL Olivenöl extra vergine
1–2 EL grobes Salz

Focaccia al rosmarino
FLADENBROT MIT ROSMARIN

1. Das Mehl in eine Schüssel geben, das Salz darüber streuen. Hefe und Zucker in 80 ml lauwarmem Wasser auflösen.

2. Rosmarin waschen und trockentupfen, die Nadeln von den Zweigen streifen (es sollen etwa 3 EL sein). 2 EL davon fein hacken. Hefewasser, Olivenöl und gehackten Rosmarin zum Mehl geben. Alles mit den Knethaken des Handmixers verkneten und dabei in dünnem Strahl noch so viel lauwarmes Wasser zugießen, dass ein fester, elastischer Teig entsteht (noch etwa 2 EL). Den Teig mit Mehl bestäuben und zugedeckt 1 Std. ruhen lassen.

3. Ein Backblech mit Olivenöl bestreichen. Den Teig nochmals gut durchkneten und auf einer bemehlten Fläche zu einem Kreis von etwa 20 cm Ø ausrollen, die Ränder sollen etwas dicker sein als die Teigmitte (ähnlich wie bei einer Pizza).

4. Den Fladen auf das Backblech legen, mit dem Olivenöl extra vergine beträufeln, die übrigen Rosmarinnadeln sowie das grobe Salz darüber streuen. Zugedeckt 15 Min. ruhen lassen. Inzwischen den Ofen auf 250° (Umluft 220°) vorheizen.

5. Die Focaccia im heißen Backofen (Mitte) in 10–15 Min. goldbraun backen. Sofort servieren.

GETRÄNK: leichter Sangiovese

FÜR ANFÄNGER
AUS KAMPANIEN

ZUBEREITUNG: 25 Min.
PRO PORTION CA.: 445 kcal

FÜR 4 PERSONEN:

150 g Mozzarella
8 Scheiben Kastenweißbrot vom Vortag
8 eingelegte Sardellenfilets
Salz | Pfeffer, frisch gemahlen
1 EL frische Oreganoblättchen (oder ¹/₂ EL getrockneter Oregano)
2 Eier
2–3 EL Milch
2 EL Mehl
Olivenöl zum Ausbacken

Mozzarella in carrozza
AUSGEBACKENE MOZZARELLA-BROTE

1. Mozzarella in 8 dünne Scheiben schneiden. Die Weißbrotscheiben entrinden. Auf 4 Brotscheiben je 2 Käsescheiben geben, je 1 Sardellenfilet in die Mitte legen und mit Salz, Pfeffer und Oregano würzen. Die belegten Brotscheiben mit den restlichen 4 Brotscheiben bedecken, die Brotränder kurz in kaltes Wasser tauchen und zusammendrücken.

2. Die Eier mit Milch, Salz und Pfeffer verquirlen. Die Brote von beiden Seiten dünn mit Mehl bestäuben und mit der Eiermilch so begießen, dass alle Flüssigkeit aufgesogen wird. Brote zwischendurch einmal wenden.

3. Reichlich Olivenöl in einer Pfanne erhitzen, die Brote darin von beiden Seiten knusprig ausbacken. Auf Küchenpapier abtropfen lassen und sofort servieren.

GETRÄNK: Greco di Tufo

Primi Piatti e Zuppe

Reis, Pasta und Suppen, die auch solo überzeugen

Eiernudelteig

FÜR ANFÄNGER
GRUNDREZEPT

ZUBEREITUNG: 30 Min.
RUHEN: 1 Std.
PRO PORTION CA.: 340 kcal

FÜR 4 PERSONEN:
300 g Weizenmehl
3 Eier
1 EL Olivenöl
Salz
Mehl zum Verarbeiten

1. Das Mehl in eine Schüssel geben. Aufgeschlagene Eier, Öl und Salz in eine Mulde in die Mitte geben und etwas verrühren (Step 1).

2. Nach und nach Mehl vom Rand her mit einrühren. Das übrige Mehl mit den Händen unter den Teig kneten, dabei eventuell 1–2 EL Wasser hinzufügen (Step 2).

3. Den Nudelteig auf der Arbeitsfläche gut 5 Min. kneten, bis er glatt und fest ist (Step 3), dann 1 Std. ruhen lassen.

4. Teig dünn ausrollen (Step 4) oder in mehreren Durchgängen bis zur gewünschten Dicke durch die Nudelmaschine lassen und in Streifen schneiden.

5. Nudeln in reichlich kochendem Salzwasser in 2–4 Min. bissfest garen, in ein Sieb abgießen und abtropfen lassen. Mit der jeweiligen Sauce mischen und servieren.

TIPP!
Andersfarbige Nudeln herzustellen ist – zumindest was schwarze Nudeln anbelangt – unkompliziert: Unter den Teig statt Wasser 20 g Sepiatinte (abgepackt im Handel erhältlich) kneten.

Für Tagliatelle den Teig in 0,5 cm breite, für Pappardelle in 1,5 cm breite und für Taglioni 2–3 cm in breite Streifen schneiden.

1. Das Mehl in eine weite Arbeitsschüssel geben, in die Mitte eine Mulde drücken. Nacheinander die Eier aufschlagen und in die Mulde geben. Olivenöl und Salz hinzufügen. Mit einer Gabel die Zutaten in der Mehlmulde zu einem homogenen Brei verrühren.

2. Nach und nach mehr Mehl vom Rand mit unterrühren. Wenn ein dickflüssiger Teig entstanden ist, mit den Händen weiterarbeiten: Von außen nach innen das Mehl unterkneten. Falls der Teig zu bröselig ist und nicht zusammenhält, 1–2 EL Wasser hinzufügen.

3. Auf der leicht bemehlten Arbeitsfläche (z. B. einem Nudelbrett) weiterarbeiten: Den Teig mit den Händen auseinanderdrücken und wieder zusammenkneten und auf diese Weise so lange kneten, bis er fest, glatt und elastisch ist. Teig in Folie gewickelt 1 Std. ruhen lassen.

4. Teig auf der bemehlten Arbeitsfläche dünn ausrollen (oder mit der Nudelmaschine in mehreren Durchgängen auswalzen), kurz antrocknen lassen. Mit Mehl bestäuben und mehrfach zusammenklappen, dann für Bandnudeln in Streifen schneiden (großes Bild).

ZUBEREITUNG: 40 Min.
PRO PORTION CA.: 530 kcal

FÜR 4 PERSONEN:

8 Zucchiniblüten mit den kleinen Früchten

20 Basilikumblätter

$^1/_2$ Bund Petersilie

1 Zwiebel

1 Tütchen Safranfäden (0,1 g)

4 EL Olivenöl

$^1/_8$ l Fleischbrühe

Salz | Pfeffer, frisch gemahlen

400 g Fettuccine, fertig gekauft, oder 1 Rezept Eiernudelteig (Seite 44, Step 1–3)

4 EL frisch geriebener Pecorino

Fettuccine all'abruzzese
FETTUCCINE MIT ZUCCHINIBLÜTEN

1. Zucchiniblüten von den Früchten trennen. Die Früchte waschen und in feine Streifen schneiden, ebenso 4 Blüten und das Basilikum. Petersilie waschen, trockentupfen und fein hacken. Die Zwiebel schälen und fein schneiden.

2. Den Safran in 2 EL lauwarmem Wasser auflösen. In einem Topf das Olivenöl erhitzen und die Zwiebeln darin andünsten. Safranwasser, klein geschnittene Blüten, Zucchinifrüchte und Kräuter einrühren. Die Fleischbrühe angießen, aufkochen, das Gericht salzen und pfeffern und sanft köcheln lassen.

3. Unterdessen die Nudeln nach Packungsanweisung bissfest garen bzw. ausrollen, in schmale Streifen schneiden und kochen wie in Arbeitsschritt 4 und 5 auf Seite 44 beschrieben.

4. Falls nötig, die Sauce mit ein paar Esslöffeln Nudelkochwasser verdünnen. Die zurückbehaltenen Zucchiniblüten auf die Sauce legen, den Topf verschließen und die Blüten kurz mitgaren.

5. Nudeln abgießen, abtropfen lassen und mit der Sauce vermengen, nochmals mit Salz und Pfeffer abschmecken. Mit den ganzen Zucchiniblüten garnieren. Den Käse separat dazureichen.

GETRÄNK: Montepulciano d'Abruzzo

EINWEICHEN: über Nacht
ZUBEREITUNG: 1 Std. 50 Min.
PRO PORTION CA.: 780 kcal

FÜR 4 PERSONEN:

250 g getrocknete Kichererbsen

8 Salbeiblätter

1 Zweig Rosmarin

2 Lorbeerblätter

10 EL Olivenöl

100 g Stangensellerie

1 Zwiebel

100 g geräucherter Bauchspeck

4 Knoblauchzehen

1 kleine Dose geschälte Tomaten

Salz | Pfeffer, frisch gemahlen

200 g Penne rigate (oder andere kurze Nudeln, z. B. Ditali)

Parmesan, frisch gerieben

Pasta e ceci
NUDELN MIT KICHERERBSEN

1. Kichererbsen über Nacht einweichen. Am nächsten Tag abgießen und in einen Topf füllen. Salbei und Rosmarin waschen, mit den Lorbeerblättern zufügen. Mit 6 EL Olivenöl beträufeln und so viel Wasser angießen, dass es 3–4 cm über den Hülsenfrüchten steht. Die Kichererbsen bei geringer Hitze zugedeckt etwa 1 $^1/_2$ Std. garen.

2. Sellerie waschen, putzen, die Zwiebel schälen und beides ebenso wie den Speck fein würfeln. Knoblauch schälen. Das restliche Öl erhitzen, Sellerie, Zwiebeln und Speck darin goldbraun braten, Knoblauch dazupressen und kurz mitbraten. Die geschälten Tomaten mit Saft hinzufügen, alles offen bei mittlerer Hitze dicklich einkochen lassen. Mit Salz und Pfeffer abschmecken.

3. Die Nudeln nach Packungsanweisung bissfest garen, abgießen, abtropfen lassen und in die Sauce geben.

4. Kichererbsen abgießen, einen Teil des Kochwassers aufbewahren. Die Hälfte der Kichererbsen pürieren, mit den ganzen Erbsen zu den Nudeln geben.

5. Alles aufkochen und kräftig abschmecken. Das Gericht soll dickflüssig sein, gegebenenfalls noch etwas Kochwasser zufügen. Parmesan separat dazuservieren.

GETRÄNK: Rosso di Montepulciano

VARIANTE: Für das klassische Rezept aus Venetien werden Borlottibohnen und keine Tomaten, sondern entsprechend mehr Gemüsebrühe oder Wasser verwendet. Die Nudeln werden zusammen mit den unpürierten Bohnen gekocht.

TIPP!

Schneller geht es, wenn Sie gegarte Kichererbsen aus der Dose verwenden.

FÜR ANFÄNGER
KLASSIKER

ZUBEREITUNG: 40 Min.
PRO PORTION CA.: 610 kcal

FÜR 4 PERSONEN:

1 kg Venusmuscheln
1/4 l Weißwein
1 Bund Petersilie
1 Zwiebel
3 Knoblauchzehen
6 EL Olivenöl
2 EL kalte Butter
2 EL Zitronensaft
Salz | Pfeffer, frisch gemahlen
400 g Spaghetti

Spaghetti alle vongole
SPAGHETTI MIT VENUSMUSCHELN

Spaghetti passen zu jeder Art von Sauce – mit Fleisch, Gemüse, Fisch oder, wie hier, mit Meeresfrüchten. Ob Sie die ganz dünnen Nudeln bevorzugen oder eher dickere, ist Geschmackssache. Wichtig ist nur, dass sie »al dente«, also gerade bissfest gekocht werden.

1. Die Muscheln gründlich unter fließendem Wasser abbürsten, bereits geöffnete Exemplare wegwerfen. Die Muscheln in einen großen Topf geben, mit dem Wein begießen und aufkochen. Etwa 5 Min. garen, bis sich die Schalen geöffnet haben, ungeöffnete Muscheln wegwerfen. Die Muscheln aus dem Topf nehmen und den Sud durch ein Sieb gießen.

2. Die Petersilie waschen, trockentupfen und sehr fein hacken. Zwiebel und Knoblauch schälen, sehr fein würfeln. 4 EL Öl erhitzen, Zwiebeln, Knoblauch und die Hälfte der Petersilie darin andünsten. Den Muschelsud dazugießen und auf die Hälfte einkochen lassen. Die Butter in Flöckchen einrühren, mit Zitronensaft, Salz und Pfeffer würzen. Die Muscheln wieder in die Sauce geben und erwärmen.

3. Spaghetti nach Packungsanweisung bissfest garen, abgießen und abtropfen lassen.

4. Das restliche Öl und die Muschelsauce unter die Nudeln mischen. Das Gericht auf vorgewärmte Teller geben.

GARNIEREN: mit reichlich gehackter Petersilie

GETRÄNK: Verdicchio di Matelica

VARIANTE: Zusätzlich 6 halbierte Kirschtomaten kurz mitschwenken.

TIPP!
Wenn Sie Muschelfleisch aus dem Glas verwenden (400 g), verkürzt sich die Arbeitszeit natürlich, und man benötigt nur die Hälfte des Weins.

FÜR ANFÄNGER
AUS DEM LATIUM

ZUBEREITUNG: 20 Min.
PRO PORTION CA.: 665 kcal

FÜR 4 PERSONEN:

150 g geräucherte Schweinebacke (oder durchwachsener geräucherter Speck)
1 Zwiebel
250 g Tomaten
2 EL Olivenöl
Salz
1–2 getrocknete Chilischoten (peperoncini)
400 g Bucatini
50 g Pecorino, frisch gerieben
Pfeffer, frisch gemahlen

Bucatini all'amatriciana
NUDELN MIT SPECK-TOMATENSAUCE

1. Schweinebacke oder Speck in 1 cm große Würfel schneiden, die Zwiebel schälen und fein hacken. Tomaten kurz überbrühen, häuten, vierteln, entkernen und klein schneiden.

2. Olivenöl erhitzen und die Fleisch- bzw. Speckwürfelchen darin bei milder Hitze rundum anbraten, die Zwiebeln hinzufügen und glasig dünsten. Tomaten dazugeben und 2 Min. mitgaren. Salzen und die Chilischote(n) darüber zerbröseln.

3. Die Nudeln nach Packungsanweisung bissfest garen, abgießen und abtropfen lassen. Nudeln mit der Sauce und der Hälfte des Käses vermischen, kräftig mit Salz und Pfeffer abschmecken. Restlichen Käse getrennt servieren.

GETRÄNK: Rosso di Montalcino

FÜR ANFÄNGER
AUS APULIEN

ZUBEREITUNG: 30 Min.
PRO PORTION CA.: 300 kcal

FÜR 4 PERSONEN:

500 g *cime di rapa* (Rübstiel; siehe Tipp Seite 134)

Salz

200 g Orecchiette (Muschelnudeln)

3 EL Olivenöl

6–8 Sardellenfilets

2–3 Knoblauchzehen

1 frischer roter *peperoncino* (Chilischote; etwa 10 cm; ersatzweise 2 getrocknete Chilis)

Orecchiette con cime di rapa
MUSCHELNUDELN MIT RÜBSTIELGEMÜSE

1. Rübstielgemüse waschen, putzen, große harte Blätter und dicke Stängel entfernen. Es sollen etwa 250 g Sprossen übrig bleiben. Diese in 1 cm große Stücke schneiden und in Salzwasser 2–3 Min. blanchieren, herausnehmen und abtropfen lassen. Im selben Wasser die Nudeln nach Packungsanweisung bissfest garen.

2. Inzwischen das Öl in einer großen Pfanne erhitzen und die Sardellenfilets darin bei mittlerer Hitze unter Rühren schmelzen. Den Knoblauch schälen, dazupressen und kurz mitbraten. Das Rübstielgemüse unterrühren.

3. Nudeln abgießen und etwas Kochwasser auffangen. Die Chilischote entkernen und in feine Streifen schneiden. Alles miteinander vermengen – falls die Mischung zu trocken ist, ein paar Esslöffel Nudelkochwasser hinzufügen – und in vier vorgewärmte Teller füllen.

GETRÄNK: Refosco

FÜR ANFÄNGER
AUS SIZILIEN

ZUBEREITUNG: 25 Min.
PRO PORTION CA.: 620 kcal

FÜR 4 PERSONEN:

50 g gehäutete Mandeln

3 Knoblauchzehen

je 50 g Basilikum- und Minzeblätter

100 ml Olivenöl

30 g Cacciocavallo (ersatzweise Pecorino), frisch gerieben

Salz | Pfeffer, frisch gemahlen

400 g Spaghetti

Spaghetti al pesto siciliano
SPAGHETTI MIT SIZILIANISCHEM PESTO

1. Mandeln durch die Mandelmühle drehen oder im Blitzhacker fein mahlen. Die Knoblauchzehen schälen und zu den Mandeln pressen. Basilikum- und Minzeblätter im Mörser zerstampfen oder ebenfalls im Blitzhacker pürieren.

2. Alle vorbereiteten Zutaten mit Olivenöl und dem geriebenen Käse vermischen, mit Salz und Pfeffer abschmecken.

3. Die Spaghetti nach Packungsanweisung bissfest garen, abgießen und kurz abtropfen lassen. Die Nudeln mit dem Pesto vermengen und sofort servieren.

GETRÄNK: Nero d'Avola

FÜR ANFÄNGER
KLASSIKER

ZUBEREITUNG: 20 Min.
PRO PORTION CA.: 840 kcal

FÜR 4 PERSONEN:

50 g Fontina

50 g Greyerzer

50 g Emmentaler

50 g Ricotta

50 g Gorgonzola

100 g Butter

3–4 EL Sahne oder Milch

Salz | Pfeffer, frisch gemahlen

400 g Farfalle

1 EL gehackte Petersilie

3–4 EL geriebener Parmesan

Pasta ai cinque formaggi
PASTA MIT FÜNF KÄSESORTEN

1. Die harten Käsesorten reiben, die weichen mit einer Gabel zerdrücken.

2. In einem Topf die Butter zerlassen, den gesamten Käse hineingeben und unter Rühren schmelzen. Dabei etwas Sahne oder Milch zugießen – es soll eine dickflüssige Sauce entstehen. Diese mit (wenig) Salz und reichlich Pfeffer abschmecken.

3. Die Nudeln nach Packungsanweisung bissfest garen, abgießen (etwas Kochwasser auffangen). Nudeln abtropfen lassen und mit der Käsesauce vermengen, falls nötig, etwas Kochwasser hinzufügen.

4. Die Nudeln auf vorgewärmten Tellern anrichten, mit Petersilie und Parmesan bestreuen.

GETRÄNK: ein weicher Weißwein, z. B. Fiano di Avellino

Auch Südtirol hat seine Nudeln – ursprünglich stammt dieses Gericht aus Völs am Schlern in den Dolomiten.

Spinatspätzle mit Schinken

FÜR ANFÄNGER
AUS SÜDTIROL

ZUBEREITUNG: 30 Min.
PRO PORTION CA.: 695 kcal

FÜR 4 PERSONEN:

300 g blanchierter Spinat (gut ausgedrückt)
300 g Mehl | 3 Eier
100 ml Milch | Salz

Für die Sauce:

1 kleine Zwiebel
200 g gekochter Schinken
40 g Butter
$^{1}/_{8}$ l Weißwein
150 g Sahne
Salz | Pfeffer, frisch gemahlen

Außerdem:

Parmesan, frisch gerieben

1. Den Spinat hacken. Aus Mehl, verquirlten Eiern, Milch, Spinat und Salz einen zähflüssigen Teig bereiten. Reichlich Salzwasser in einem weiten Topf zum Kochen bringen. Den Teig portionsweise mit einer Spätzlepresse oder durch einen Spätzlehobel in das Wasser pressen oder reiben.

2. Wenn die Spätzle an die Oberfläche steigen, sie mit einem Schaumlöffel herausheben und abtropfen lassen. Nach und nach den gesamten Teig auf diese Weise verarbeiten.

3. Für die Sauce die Zwiebel schälen und ebenso wie den Schinken fein würfeln. Beides in der Butter unter Rühren ein paar Minuten anschwitzen. Mit dem Wein ablöschen, die Sahne angießen, die Sauce mit Salz und Pfeffer abschmecken.

4. Die Spätzle in der Sauce kurz erwärmen, auf Teller verteilen und Parmesan getrennt dazureichen.

GETRÄNK: Südtiroler Weißburgunder

Spaghetti alle olive
SPAGHETTI MIT OLIVEN

FÜR ANFÄNGER
AUS UMBRIEN

ZUBEREITUNG: 20 Min.
BEI 6 PERSONEN
PRO PORTION CA.: 500 kcal

FÜR 4–6 PERSONEN:

2 unbehandelte Orangen
1 Zwiebel
1 Knoblauchzehe
100 g schwarze Oliven mit Stein
600 g Spaghetti | Salz
8 EL Olivenöl extra vergine
Pfeffer, frisch gemahlen

1. Orangen heiß waschen, trocknen und die Schale mit dem Zestenreißer in feinen Streifen abziehen. Die Zwiebel schälen und fein hacken, den Knoblauch schälen und pressen. Von den Oliven das Fruchtfleisch in Streifen vom Stein schneiden.

2. Die Spaghetti nach Packungsanweisung bissfest garen.

3. Inzwischen das Öl erhitzen, Zwiebeln und Knoblauch glasig anschwitzen, Oliven und Orangenschalenstreifen hinzufügen und kurz erwärmen.

4. Nudeln abgießen, dabei etwas Kochwasser auffangen, und mit der Sauce vermengen. Falls die Mischung zu trocken ist, ein wenig Nudelkochwasser unterrühren. Das Gericht mit Salz und Pfeffer abschmecken.

GETRÄNK: leichter Barbera

Direkt vom Baum sind Oliven nicht essbar, aber ein Bad in Salzlake, Kräuter und Gewürze machen sie zur beliebten Antipasti.

Ob Tortellini, Anolini, Cappellacci oder Ravioli: gefüllte Pasta aller Art werden immer aus einem Eiernudelteig hergestellt.

Ravioli con fegatini
RAVIOLI MIT HÄHNCHENLEBER

ZUBEREITUNG: 1 Std. 15 Min.
RUHEN: 1 Std.
PRO PORTION CA.: 455 kcal

FÜR 6 PERSONEN:

Für den Teig:

300 g Mehl

3 Eier | Salz

Für die Füllung:

500 g Spinat

250 g Ricotta | 1 Ei

Salz | Pfeffer, frisch gemahlen

1 Prise Muskatnuss, frisch gerieben

50 g Parmesan, frisch gerieben

Für die Sauce:

250 g Hähnchenlebern

1 Zwiebel

40 g Butter

4 Salbeiblätter

2 EL Vin Santo (italienischer Süßwein)

Salz | Pfeffer, frisch gemahlen

1. Mehl, Eier und Salz zu einem geschmeidigen Teig verkneten, in Folie wickeln und 1 Std. ruhen lassen.

2. Inzwischen für die Füllung den Spinat verlesen, harte Stiele abschneiden, gründlich waschen und tropfnass in einen Topf geben. Bei mittlerer Hitze zusammenfallen lassen. Den Spinat gut abtropfen lassen und klein hacken. Mit Ricotta, Ei, Gewürzen und Käse vermengen.

3. Für die Sauce die Hähnchenlebern putzen, von anhängendem Fett befreien und sehr klein schneiden oder hacken. Die Zwiebel schälen und fein würfeln.

4. Den Ravioliteig mit der Nudelmaschine dünn ausziehen. Auf der Hälfte des Teiges mit einem Teelöffel die Füllung in Häufchen mit gleichmäßigem Abstand verteilen. Die andere Teighälfte darüber klappen, rund um die Füllung andrücken und mit einem Teigrädchen rechteckige Ravioli ausschneiden.

5. In einem weiten Topf reichlich Salzwasser zum Kochen bringen, die Ravioli darin etwa 8 Min. garen, herausheben und gut abtropfen lassen.

6. Während die Ravioli garen, für die Sauce 20 g Butter zerlassen und die Zwiebeln darin glasig anschwitzen. Lebern und Salbeiblätter hinzufügen, alles unter Rühren 3–4 Min. garen. Mit Vin Santo ablöschen und den Wein verdampfen lassen, salzen und pfeffern. Etwa 50 ml des Ravioli-Kochwassers dazugießen und die übrige Butter unterrühren. Die Ravioli in die Sauce geben und alles gut vermischen.

GARNIEREN: mit Salbei

GETRÄNK: Chianti Rùfina oder Morellino di Scansano

Bavette con pesce spada e menta
BANDNUDELN MIT SCHWERTFISCH UND MINZE

ZUBEREITUNG: 30 Min.
PRO PORTION CA.: 640 kcal

FÜR 4 PERSONEN:

600 g Schwertfischfilet

4 Knoblauchzehen

6 EL Olivenöl

1 kleine Dose geschälte Tomaten (400 g)

reichlich frische Minzeblätter (etwa 2 Hand voll)

100 ml Weißwein

400 g Bavette (flache Bandnudeln)

Salz | Pfeffer, frisch gemahlen

1. Fischfilet in kleine Würfel schneiden. Den Knoblauch schälen. Das Öl erhitzen, die Fischstücke darin unter Rühren bei mittlerer Hitze goldbraun braten. Knoblauch dazupressen und kurz mitbraten.

2. Dosentomaten abtropfen lassen, den Saft anderweitig verwenden. Von den Minzeblättern ein paar für die Dekoration beiseite legen, die übrigen hacken.

3. Wein, Tomaten und gehackte Minze zum Fisch geben und alles etwas einkochen lassen, gelegentlich umrühren und die Tomaten dabei zerdrücken.

4. In der Zwischenzeit die Nudeln nach Packungsanweisung bissfest garen, abgießen und abtropfen lassen. Den Schwertfischsugo mit Salz und Pfeffer würzen, die Nudeln untermischen. Auf vier Teller verteilen und mit den zurückbehaltenen Minzeblättern dekorieren.

GETRÄNK: Vermentino

ZUBEREITUNG: 45 Min.
PRO PORTION CA.: 365 kcal

FÜR 4 PERSONEN:

1 kg mehlig kochende
Kartoffeln
etwa 250 g Mehl
Salz
1 Eigelb
Muskatnuss, frisch gerieben
Mehl zum Verarbeiten

Gnocchi di patate

KARTOFFELGNOCCHI

1. Die Kartoffeln in der Schale in etwa
20 Min. weich kochen, abgießen, gut aus-
dampfen lassen, dann pellen.

2. Die Kartoffeln durch die Presse drücken
(Step 1), mit Mehl, Salz, Eigelb und Muskat verkneten (Step 2), kurz ruhen lassen.

3. Den Teig zu Strängen rollen, mit Mehl
bestäuben und 1 cm lange Stücke abschneiden (Step 3). Jedes Stück mit bemehlten Händen oval formen.

4. Die Gnocchi in reichlich siedendem
Salzwasser gar ziehen lassen (Step 4), mit
einem Schaumlöffel herausheben und auf
vorgewärmte Teller verteilen.

TIPP!

Man kann die Gnocchi auch
rund formen und mit den Zin-
ken einer Gabel leicht platt
drücken, so erhalten sie das
typische Streifenmuster.

Fertig gegarte Gnocchi mit einem Schaumlöffel aus dem Wasser heben, kurz abtropfen lassen, auf vorgewärmte Teller verteilen und mit dem jeweiligen Sugo begießen (Rezepte Seite 58, 60).

1. Am besten für Gnocchi eignen sich mehlig kochende Kartoffelsorten, z. B. Likaria, Adretta, Irmgard oder Saturna. Die gekochten Kartoffeln noch heiß pellen und durch die Kartoffelpresse drücken.

2. Kartoffelmus mit Mehl, Salz, Eigelb und Muskat zu einem homogenen Teig verkneten und kurz ruhen lassen. Die Mehlmenge hängt von der Kartoffelsorte ab. Der Teig soll gerade nicht mehr an den Fingern kleben.

3. Den Kartoffelteig auf einer leicht bemehlten Arbeitsfläche (z. B. auf einem Nudelbrett) zu fingerdicken Strängen rollen. Diese leicht mit Mehl bestäuben und in 1 cm lange Stücke schneiden.

4. Reichlich Salzwasser in einem großen Topf zum Kochen bringen und die Gnocchi auf einmal hineingeben. Das Wasser nun nur noch sieden lassen. Die Gnocchi sind gar, sobald sie an die Oberfläche steigen.

Mit fertig gekauften Gnocchi aus dem Kühlregal oder italienischen Feinkostladen sind diese Gerichte im Nu zubereitet.

Gnocchi con sugo di pomodori
GNOCCHI MIT TOMATENSAUCE

1. Für die Sauce die Tomaten kurz überbrühen, häuten, vierteln, entkernen und klein würfeln. Zwiebel schälen und würfeln, Knoblauch schälen.

2. Das Öl erhitzen, die Zwiebeln darin glasig anschwitzen, Knoblauch dazupressen. Tomaten, Salbeiblätter, Salz und Pfeffer hinzufügen und alles bei schwacher bis mittlerer Hitze dicklich einkochen. Inzwischen die Gnocchi formen und garen (siehe Seite 56/57).

3. Die Tomatensauce über die Gnocchi gießen und das Gericht mit geriebenem Käse bestreuen.

GETRÄNK: Bardolino

Gnocchi con pesto al tartuffo
GNOCCHI MIT TRÜFFELPESTO

1. Für die Sauce die Trüffeln fein hacken. Pinienkerne in einer trockenen Pfanne goldbraun rösten, etwas abkühlen lassen und im Mörser fein zerreiben.

2. Trüffelstückchen und Pinienkerne mischen, den Parmesan unterrühren. Beide Ölsorten sowie den Essig dazugießen und alles gut vermengen. Mit Salz und Pfeffer abschmecken. Die Gnocchi formen und garen (siehe Seite 56/57).

3. Die Butter in einer kleinen Pfanne aufschäumen, die Thymianblättchen darin kurz schwenken. Die Thymianbutter unter die Trüffelmasse rühren und mit den Gnocchi servieren.

GARNIEREN: mit einem Thymianzweig

GETRÄNK: Barbera

TIPP!
Zum exklusiven Herbstgericht werden diese Gnocchi, wenn man die Sauce mit frischen Trüffeln aus dem Piemont oder Umbrien zubereitet.

ZUBEREITUNG: 1 Std.
BACKEN: 30 Min.
PRO PORTION CA.: 485 kcal

FÜR 6 PERSONEN:

Salz | 250 g Maisgrieß
1 Zwiebel
2 Knoblauchzehen
100 g Butter
350 g Rinderhackfleisch
150 g Kalbshackfleisch
Pfeffer, frisch gemahlen
2 EL Tomatenmark
100 g Parmesan,
frisch gerieben oder in Späne
gehobelt

Polenta pasticciata
POLENTAAUFLAUF

1. 1 l leicht gesalzenes Wasser zum Kochen bringen, den Maisgrieß einstreuen und auf kleiner Flamme unter ständigem Rühren etwa 30 Min. köcheln lassen. Es soll ein zähflüssiger Brei entstehen. Eventuell esslöffelweise noch etwas heißes Wasser hinzufügen. Die Polenta auf ein Holzbrett stürzen, etwa 5 cm hoch glatt streichen und auskühlen lassen.

2. Inzwischen die Zwiebel schälen und fein hacken, Knoblauch schälen und pressen. 2 EL Butter in einem Topf erhitzen und Zwiebel und Knoblauch darin goldgelb anbraten. Nach und nach beide Hackfleischsorten hinzufügen, krümelig braten, salzen und pfeffern. Das Tomatenmark und 2–3 EL Wasser einrühren, alles 5 Min. leicht köcheln lassen. Den Backofen auf 150° vorheizen.

3. Die restliche Butter schmelzen. Eine große ofenfeste Form mit 2 EL zerlassener Butter ausstreichen. Polenta in 1 cm breite Streifen schneiden. Eine Schicht Polentascheiben in die Form legen, mit etwas zerlassener Butter beträufeln, einige Esslöffel Parmesan darüber streuen, mit Hackfleischragout bedecken, wieder eine Schicht Polentascheiben, Parmesan und Ragout einschichten und auf diese Weise fortfahren, bis alle Zutaten aufgebraucht sind (3–4 EL Parmesan zurückbehalten). Mit Polenta abschließen.

4. Die übrige Butter aufstreichen. Den Auflauf im heißen Ofen (Mitte, Umluft 140°) etwa 30 Min. garen. Restlichen Parmesan darüber streuen und den Polentaauflauf in der Form servieren.

GETRÄNK: Marzemino

ZUBEREITUNG: 50 Min.
PRO PORTION CA.: 695 kcal

FÜR 4 PERSONEN:

1 Rezept Kartoffelgnocchiteig
(Seite 56)

Für den Sugo:

1 Zwiebel
1 kleine Möhre
1 Stück Stangensellerie
75 g geräucherter Bauchspeck
1 Knoblauchzehe
2 Tomaten
300 g ausgelöstes Kaninchenfleisch (von $1/2$ Kaninchen oder von 4 Kaninchenkeulen)
3 EL Olivenöl
150 ml Rotwein
150 ml Kaninchenfond (aus den Kaninchenknochen; ersatzweise Hühnerbrühe)
2 Lorbeerblätter
je 1 Msp. gemahlene Gewürznelken und Zimtpulver
Salz | Pfeffer, frisch gemahlen

Gnocchi con sugo di coniglio
GNOCCHI MIT KANINCHENSUGO

1. Für den Sugo die Zwiebel schälen und fein würfeln, Möhre und Sellerie schälen bzw. putzen und fein würfeln. Den Speck ebenfalls sehr klein schneiden, den Knoblauch schälen.

2. Die Tomaten kurz überbrühen, häuten, vierteln, entkernen und klein schneiden. Das Kaninchenfleisch in etwa 1,5 cm große Stücke schneiden.

3. Das Öl erhitzen, Zwiebel, Gemüse und Speck darin glasig anschwitzen, Knoblauch dazupressen. Das Kaninchenfleisch hinzufügen und kurz von allen Seiten anrösten. Mit Rotwein und Fond ablöschen. Lorbeerblätter, Tomaten und Gewürze zugeben, mit Salz und Pfeffer abschmecken.

4. Alles halb zugedeckt in etwa 20 Min. weich dünsten und die Flüssigkeit dabei etwas einkochen. Inzwischen die Gnocchi formen und garen (siehe Seite 56/57). Mit dem Kaninchensugo anrichten.

GETRÄNK: Chianti Riserva

Risotto alla milanese
SAFRANRISOTTO

FÜR ANFÄNGER
GRUNDREZEPT

ZUBEREITUNG: 30 Min.
PRO PORTION CA.: 595 kcal

FÜR 4 PERSONEN:

1–1 ¹/₂ l Fleischbrühe
1 kleine Zwiebel
80 g kalte Butter
50 g Rindermark
350 g Risottoreis
(z. B. Carnaroli)
1 Tütchen Safranfäden (0,1 g)
¹/₈ l Weißwein
Salz | Pfeffer, frisch gemahlen
50 g Parmesan, frisch gerieben

1. In einem Topf die Fleischbrühe zum Sieden bringen. Die Zwiebel schälen und sehr fein würfeln. 50 g Butter und das Rindermark in einem zweiten großen Topf zerlassen, den Reis zugeben und bei mittlerer Hitze unter Rühren glasig dünsten.

2. Safran in 1 EL Brühe auflösen. Den Wein zum Reis gießen und unter Rühren einkochen lassen. Dann nach und nach unter weiterem Rühren immer nur so viel heiße Brühe angießen, wie der Reis aufnehmen kann.

3. Nach etwa 20 Min. den Safran einrühren, den Reis salzen und pfeffern, von der Kochstelle nehmen. Den Parmesan sowie die restliche Butter in Stückchen nach und nach einrühren und den Risotto vor dem Servieren noch zugedeckt 1–2 Min. stehen lassen.

GARNIEREN: mit Safranfäden

GETRÄNK: Gavi

TIPP!
Voraussetzung für das Gelingen eines echt italienischen Risottos ist auch der Reis selbst: In Italien werden vier Qualitätsstufen unterschieden, abhängig von der Größe des Reiskorns. Kaufen Sie für Risotti nur die besten Qualitäten: *fino* oder *superfino*. Spitzensorten sind Carnaroli, Arborio, Vialone Nano und Volano. Auf keinen Fall Langkorn- oder Parboiled-Reis verwenden – der Risotto würde nie und nimmer gelingen. Risotto-Reis wird vor dem Kochen übrigens nicht gewaschen, nur so kocht er cremig.

Risotto al radicchio

RISOTTO MIT RADICCHIO

1. Die Zwiebel schälen und fein würfeln, den Speck ebenfalls in feine Würfel schneiden. Beides zusammen in einer Pfanne in 40 g Butter anschwitzen.

2. Petersilie waschen, trockentupfen, die Blättchen fein hacken. Radicchio waschen, putzen und fein schneiden, mit der Petersilie zur Zwiebelmischung geben, umrühren und bei milder Hitze etwa 15 Min. zugedeckt dünsten. Salzen und pfeffern.

3. Die Fleischbrühe in einem Topf zum Sieden bringen. In einem zweiten großen Topf das Olivenöl erhitzen, den Reis darin unter Rühren glasig andünsten. Mit Rotwein ablöschen, diesen verdampfen lassen.

4. Nach und nach unter weiterem Rühren immer so viel heiße Brühe angießen, wie der Reis aufnehmen kann. Den Reis auf diese Weise garen, bis er schön cremig, aber noch bissfest ist.

5. Die Radicchiomischung zum Reis geben und gut vermischen. Mit Salz und Pfeffer abschmecken und die restliche Butter in Stückchen unterrühren. Den Käse getrennt dazureichen.

GETRÄNK: ein weicher Rotwein wie der Pigaia von Serafino e Vidotto

TIPP!

Den Risotto eher etwas zu früh als zu spät von der Kochstelle nehmen, da er noch nachgart und einfach besser schmeckt, wenn er noch ein paar Minuten zieht. Ein paar kalte Butterflöckchen zum Binden machen den Risotto perfekt.

FÜR ANFÄNGER
AUS VENETIEN

ZUBEREITUNG: 50 Min.
PRO PORTION CA.: 595 kcal

FÜR 4 PERSONEN:

1 kleine Zwiebel

75 g durchwachsener geräucherter Speck

60 g kalte Butter

5 Stängel Petersilie

350 g Radicchio (vorzugsweise eine leicht bittere Sorte, z. B. *radicchio trevisano*)

Salz | Pfeffer, frisch gemahlen

etwa $3/4$ l Fleischbrühe

2 EL Olivenöl

250 g Risottoreis (z. B. Vialone Nano)

$1/8$ l Rotwein

Parmesan nach Geschmack

Bedingung für das Gelingen eines Risottos ist es, den Reis ständig zu rühren und dabei nach und nach immer nur so viel (heiße) Flüssigkeit zuzugießen, wie der Reis gerade aufnehmen kann.

ZUBEREITUNG: 1 Std.
BEI 6 PERSONEN
PRO PORTION CA.: 380 kcal

FÜR 4–6 PERSONEN:

800 g Muskatkürbis

1 kleine Zwiebel

60–80 g kalte Butter

300 g Risottoreis
(z. B. Arborio)

$1/8$ l Weißwein

$1/4$ l kochend heiße Hühnerbrühe

$1/2$ TL Safranfäden

100 g Parmesan,
frisch gerieben

Salz | Pfeffer, frisch gemahlen

Risotto con la zucca
KÜRBISRISOTTO

1. Den Backofen auf 180° vorheizen. Den Kürbis schälen, das Fruchtfleisch (etwa 600 g) grob zerkleinern, in Alufolie wickeln und im heißen Ofen (Mitte, Umluft 160°) 30 Min. garen. Anschließend das Kürbisfleisch in kleine Würfel schneiden.

2. Die Zwiebel schälen und fein würfeln. In der Hälfte der Butter glasig anschwitzen, den Reis hinzufügen und unter Rühren glasig werden lassen. Mit Weißwein ablöschen und diesen verdampfen lassen. Nach und nach unter ständigem Rühren portionsweise heiße Hühnerbrühe angießen. Safran in 1 EL Brühe auflösen.

3. Wenn der Reis schön cremig, aber noch bissfest ist – das dauert je nach Reissorte 20–25 Min. –, Safran und Kürbiswürfel zugeben. Restliche Butter und den Parmesan unterrühren. Den Risotto mit Salz und Pfeffer abschmecken, vor dem Servieren einige Minuten zugedeckt ruhen lassen.

GARNIEREN: mit Safranfäden

GETRÄNK: Bianco di Custoza

ZUBEREITUNG: 45 Min.
PRO PORTION CA.: 515 kcal

FÜR 4 PERSONEN:

1 kleine Zwiebel

je 50 g Möhre und Stangensellerie

3 EL Olivenöl

200 g Risottoreis
(z. B. Carnaroli)

etwa $3/4$ l kochend heiße
Fleischbrühe

je 80 g Hähnchen- und Kalbsleber, geputzt

30–40 g kalte Butter

100 g Rinderhackfleisch

Salz | Pfeffer, frisch gemahlen

Muskatnuss, frisch gerieben

1 EL Tomatenmark

75 ml Rotwein (z. B. Chianti)

Parmesan, frisch gerieben,
nach Belieben

Risotto alla Toscana
TOSKANAREIS

1. Die Zwiebel schälen und sehr fein würfeln, Möhre und Sellerie waschen, putzen und ebenfalls in kleine Würfel schneiden.

2. Das Öl in einem Topf erhitzen, Zwiebeln, Möhren und Sellerie darin hellbraun anbraten. Den Reis hinzufügen und unter Rühren glasig dünsten, aber keine Farbe annehmen lassen. Nach und nach unter ständigem Rühren portionsweise heiße Brühe zugießen und den Reis auf diese Weise bissfest garen – das dauert je nach Reissorte 20–25 Min.

3. In der Zwischenzeit Hähnchen- und Kalbsleber in kleine Würfel schneiden. 20 g Butter in einer Pfanne zerlassen und das Hackfleisch darin bei mittlerer Hitze anbraten. Lebern hinzufügen und kurz mitbraten. Mit Salz, Pfeffer und Muskat würzen. Das Tomatenmark unterrühren, mit dem Wein ablöschen und alles etwas einkochen lassen.

4. Wenn der Reis fertig ist, die Lebermischung unterrühren, den Risotto von der Kochstelle nehmen und mit kalten Butterstückchen binden. Den Risotto vor dem Servieren noch einige Minuten zugedeckt ruhen lassen. Nach Geschmack mit Parmesan bestreuen.

GETRÄNK: Chianti Classico

FÜR ANFÄNGER
HERZHAFT

ZUBEREITUNG: 50 Min.
PRO PORTION CA.: 470 kcal

FÜR 4 PERSONEN:

1 Zwiebel
50 g geräucherter Bauchspeck
500 g Fenchel
2 EL Olivenöl
1 EL Tomatenmark
³/₄ l Hühnerbrühe
Salz | Pfeffer, frisch gemahlen
2 EL gehackte Petersilie

Für das Brot:

4–6 Scheiben italienisches Landbrot (ersatzweise *ciabatta*)
5 EL Olivenöl extra vergine
30 g Pecorino, frisch gerieben

Zuppa di finocchio
FENCHELSUPPE

1. Zwiebel und Speck fein würfeln. Den Fenchel waschen und putzen, die Stängel abschneiden, das Grün beiseite legen. Die Fenchelknollen längs vierteln, vom Strunk befreien und klein würfeln.

2. Das Öl in einem Topf erhitzen, Zwiebeln und Speck darin glasig anschwitzen. Den Fenchel hinzufügen und 2–3 Min. mitbraten. Tomatenmark unterrühren, kurz umrühren und die Brühe angießen.

3. Das Ganze zum Kochen bringen, die Hitze reduzieren und die Suppe etwa 30 Min. zugedeckt köcheln lassen. Mit Salz und Pfeffer würzen. Das Fenchelgrün fein schneiden und die Hälfte davon sowie 1 EL gehackte Petersilie unterrühren.

4. Die Brotscheiben in einer beschichteten Pfanne auf beiden Seiten knusprig rösten.

5. Die Suppe in eine Terrine füllen. Die Brotscheiben auf die Suppe legen, mit Öl beträufeln, mit dem geriebenen Käse und den restlichen Kräutern bestreuen.

VARIANTE: Die Fenchelsuppe kann man mit gewürfelten Tomaten sowie mit einem Kräutersträußchen aus Rosmarin, Thymian, Basilikum und Salbei anreichern und aromatisieren.

FÜR ANFÄNGER
FÜR GÄSTE

ZUBEREITUNG: 40 Min.
PRO PORTION CA.: 415 kcal

FÜR 4 PERSONEN:

200 g Rucola
4 Schalotten
1 Knoblauchzehe
3 EL Olivenöl
30 g Butter
20 g Mehl
¹/₈ l Weißwein
¹/₂ l Hühnerbrühe
250 g Sahne
Salz | Pfeffer, frisch gemahlen
1 Msp. Cayennepfeffer

Crema di rucola
RUCOLACREMESUPPE

1. Rucola waschen, trockentupfen und die harten Stiele abschneiden. Die Schalotten schälen und fein würfeln. Die Knoblauchzehe schälen.

2. Olivenöl und Butter in einem Topf erhitzen, die Schalotten darin glasig anschwitzen. Knoblauch dazupressen und kurz mitbraten. Rucolablätter hinzufügen und ebenfalls unter Rühren anschwitzen.

3. Das Mehl darüber streuen, einrühren und kurz rösten. Mit Weißwein ablöschen und glatt rühren. Brühe und Sahne angießen und alles 10 Min. sanft köcheln lassen.

4. Die Suppe mit dem Pürierstab oder im Mixer pürieren, mit Salz, Pfeffer und Cayennepfeffer abschmecken, kurz aufkochen und auf vorgewärmte Teller verteilen.

GARNIEREN: mit einigen zurückbehaltenen Rucolablättern

Frische ist immer wieder das A und O und gibt den Speisen ihren aromatischen Geschmack.

Für die Suppe unten brauchen Sie zarte, junge Artischocken. Ersatz sind naturell eingelegte Artischockenherzen.

FÜR GEÜBTE
AUS LIGURIEN

ZUBEREITUNG: 1 Std. 15 Min.
PRO PORTION CA.: 180 kcal

FÜR 6 PERSONEN:

20 g getrocknete Steinpilze
1 kleiner Kopfsalat
je 1/2 Bund Petersilie und Borretsch
200 g Mangold
2 Artischocken
2 Stangen Lauch
1 Selleriestange | 2 Zucchini
100 g grüne Bohnen
1 Zwiebel
50 g Pancetta (oder geräucherter Bauchspeck)
100 ml Olivenöl extra vergine
100 g ausgepalte Erbsen (nach Belieben TK)
Salz | Pfeffer, frisch gemahlen
30 Basilikumblätter

Minestrone alla genovese
GENUESER GEMÜSESUPPE

1. Die Steinpilze in warmem Wasser einweichen. Kopfsalat waschen und putzen, die Blätter vierteln. Petersilie und Borretsch waschen, die Blätter hacken. Mangold gründlich waschen und klein schneiden. Artischocken von Stielen, harten Blättern und Blattspitzen befreien, die Herzen würfeln.

2. Lauch putzen, hellgrüne und weiße Teile in Ringe schneiden, diese in einem Sieb gründlich abbrausen. Sellerie putzen und fein würfeln. Zucchini waschen, Blüten und Stielansatz entfernen, die Früchte längs halbieren und quer in 2 cm große Stücke schneiden. Die grünen Bohnen waschen, putzen und ebenfalls in 2 cm lange Stücke schneiden.

3. Die Zwiebel schälen und fein würfeln, den Speck ebenfalls fein würfeln. Beides in 4 EL Öl in einem großen Topf anschwitzen. Die eingeweichten Pilze vierteln und zusammen mit dem übrigen vorbereiteten Gemüse sowie den Erbsen zu den Zwiebeln geben, unter Rühren anschwitzen.

4. 1,7 l Wasser (oder auch Gemüsebrühe) angießen, aufkochen und alles zugedeckt bei milder Hitze etwa 1/2 Std. köcheln lassen. Mit Salz und Pfeffer abschmecken. Die Basilikumblätter grob hacken und unter die fertige Suppe rühren.

5. Die Suppe auf Teller verteilen und jede Portion mit 1 EL Olivenöl beträufeln.

FÜR GEÜBTE
AUS DER TOSKANA

EINWEICHEN: über Nacht
ZUBEREITUNG: 1 Std. 10 Min.
PRO PORTION CA.: 445 kcal

FÜR 4 PERSONEN:

80 g Borlotti-Bohnen
Salz
1 Zwiebel
50 g geräucherter Bauchspeck
1 Stange Lauch
300 g kleine, zarte Artischocken
6 EL Olivenöl
140 g Rinderhackfleisch
1 l Rinderbrühe (oder Gemüsebrühe)
100 g frische Erbsen (ausgepalt oder TK)
Pfeffer, frisch gemahlen
50 g Weißbrot ohne Rinde
1 Knoblauchzehe

Zuppa Garmugia
GEMÜSE-HACKFLEISCH-SUPPE

1. Bohnen über Nacht in kaltem Wasser einweichen. An nächsten Tag abgießen und mit frischem Wasser bedeckt in etwa 45 Min. weich kochen, erst kurz vor Ende der Garzeit salzen.

2. Während die Bohnen kochen, die Zwiebel schälen und ebenso wie den Speck fein würfeln. Den Lauch waschen, putzen und schräg in dünne Scheiben schneiden, diese in einem Sieb gründlich abbrausen.

3. Von den Artischocken die harten Blätter rund um den Stielansatz entfernen, den oberen Teil der Artischocken gerade abschneiden (etwa ein Drittel). Artischocken vierteln und das »Heu« herauskratzen.

4. 4 EL Öl in einem Topf erhitzen und das Hackfleisch darin unter Rühren krümelig braten. Zwiebel, Speck und Lauch hinzufügen und glasig anschwitzen. Die Brühe angießen und die Suppe aufkochen.

5. Bohnen abgießen, mit den Artischocken in die Suppe geben und diese bei mittlerer Hitze 10 Min. köcheln lassen. Erbsen zugeben, die Suppe salzen und pfeffern und weitere 10 Min. köcheln lassen.

6. Das Brot in 1 cm große Würfel schneiden und diese im restlichen Öl goldbraun braten. Knoblauch schälen, dazupressen und kurz mitbraten.

7. Die Suppe in Teller schöpfen, die Brotwürfel darüber streuen und die Suppe sofort servieren.

VARIANTE: Anstelle der Artischocken kann man auch zarte grüne Spargelspitzen verwenden bzw. zusätzlich kurz mitkochen.

Pizza Margherita

ZUBEREITUNG: 30 Min.
RUHEN: 1 Std. 10 Min.
BACKEN: 25 Min.
INSGESAMT CA.: 1905 kcal

FÜR 1 GROSSE PIZZA:

Für den Teig:

200 g Mehl
2 EL Olivenöl | 1 TL Salz
15 g frische Hefe
1 Prise Zucker
Mehl zum Verarbeiten
Öl oder Mehl für das Backblech

Für den Belag:

400 g geschälte Tomaten aus
der Dose (abgetropft)
Salz | Pfeffer, frisch gemahlen
150 g Mozzarella (möglichst
Büffelmozzarella)
etwa 20 Basilikumblättchen
2 EL frisch geriebener Pecorino
4 EL Olivenöl extra vergine

1. Für den Teig Mehl, Öl und Salz in eine Schüssel geben. Hefe und Zucker in 100 ml lauwarmem Wasser auflösen, zum Mehl gießen (Step 1). Alles mit den Knethaken des Handrührers verrühren, dabei nach und nach esslöffelweise so viel lauwarmes Wasser zugießen, dass ein fester, geschmeidiger Teig entsteht (Step 2). Mit Mehl bestäuben und 1 Std. ruhen lassen.

2. Den Teig auf einer bemehlten Fläche nochmals kräftig durchkneten, dann mit einem Nudelholz zu einem fast backblechgroßen runden Fladen ausrollen (Step 3).

3. Den Teig auf ein geöltes oder bemehltes Blech legen, mit den Händen flach drücken, den Rand etwas dicker lassen (Step 4). 10 Min. ruhen lassen. Den Backofen auf 250° (Umluft 220°) vorheizen.

4. Für den Belag die Tomaten mit einer Gabel zerdrücken und auf dem Teig verteilen, salzen und pfeffern. Mozzarella in Scheiben schneiden und darüber verteilen.

5. Die Pizza im heißen Ofen (unten) 15 Min. backen, herausholen, mit Basilikumblättchen und Pecorino bestreuen, mit Öl beträufeln. Nochmals 10 Min. backen.

GETRÄNK: Lambrusco secco

TIPP!

Der Pizzateig kann auch mit Trockenhefe zubereitet werden. Für dieses Rezept benötigen Sie gut $1/2$ Päckchen.

Die Pizza ist neben Nudeln das wohl am häufigsten mit Italien identifizierte Gericht. Ursprünglich nur ein Stück Brot mit Tomaten und/oder Käse, existieren heute unzählige Varianten.

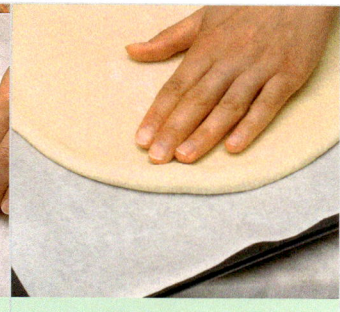

1. Für den Pizzateig die Hefe mit Zucker in 100 ml lauwarmem Wasser auflösen. Das Mehl mit dem Salz in einer Schüssel mischen. Die Hefelösung dazugießen, unterrühren, dann das Öl zugeben.

2. Alles mit den Knethaken des Handrührers verrühren, dabei nach und nach esslöffelweise wenig lauwarmes Wasser zugeben, bis ein fester, aber geschmeidiger Teig entstanden ist. Mit Mehl bestäubt 1 Std. ruhen lassen.

3. Den gegangenen Teig auf einer leicht bemehlten Arbeitsfläche nochmals kräftig durchkneten, dann mit einem Nudelholz zu einem runden Fladen ausrollen. Den Teig dabei wiederholt mit Mehl bestäuben.

4. Den Teigfladen auf ein eingeöltes (oder bemehltes) Backblech legen, mit den Händen gleichmäßig flach drücken, den Rand etwas dicker lassen. Vor dem Belegen nochmals 10 Min. ruhen lassen.

Unzählbar sind die Pizza-Varianten – Tomaten und Mozzarella müssen bei den Klassikern aber immer mit dabei sein.

Pizza con salame piccante e carciofi
PIZZA MIT SCHARFER SALAMI UND ARTISCHOCKEN

FÜR ANFÄNGER
AUS SÜDITALIEN

ZUBEREITUNG: 1 Std.
(inkl. Teigzubereitung)
RUHEN: 1 Std. 10 Min.
INSGESAMT CA.: 2065 kcal

FÜR 1 GROSSE PIZZA:

1 Rezept Pizzateig (Seite 70)

Für den Belag:

200 g reife Tomaten

150 g Mozzarella (möglichst Büffelmozzarella)

1 kleines Glas eingelegte Artischockenherzen (240 g)

200 g geschälte Tomaten aus der Dose (abgetropft)

50 g scharfe Salami in dünnen Scheiben

3 EL schwarze Oliven

3 EL Olivenöl extra vergine

1–2 TL getrockneter Oregano

1. Den Pizzateig wie auf Seite 70/71 beschrieben und gezeigt zubereiten, ruhen lassen, ausrollen und auf dem geölten oder bemehlten Blech ausbreiten. Den Backofen auf 250° (Umluft 220°) vorheizen.

2. Für den Belag die frischen Tomaten kurz überbrühen, häuten, vierteln, entkernen und würfeln. Mozzarella in Scheiben schneiden, die Artischockenherzen abtropfen lassen.

3. Die geschälten Tomaten ein wenig zerdrücken, mit den gewürfelten frischen Tomaten auf dem Teigboden verteilen, mit den restlichen Zutaten – den Mozzarella zuletzt – belegen. Die Pizza mit Olivenöl beträufeln, mit Oregano bestreuen und im vorgeheizten Backofen (unten) 15–20 Min. backen.

GETRÄNK: Dolcetto

Calzone
GEFÜLLTE HEFETEIGTASCHEN

FÜR GEÜBTE
AUS KAMPANIEN

ZUBEREITUNG: 45 Min.
(inkl. Teigzubereitung)
RUHEN: 1 Std. 10 Min.
PRO STÜCK CA.: 1415 kcal

FÜR 2 STÜCK:

1 Rezept Pizzateig (Seite 70)

Für die Füllung:

100 g italienische Salami (oder roher Schinken)

150 g Mozzarella (möglichst aus Büffelmilch)

150 g Ricotta

2–3 EL frisch geriebener Parmesan

2 EL frische Oreganoblättchen (oder 1 TL getrockneter Oregano)

2 Eier

6 EL Olivenöl

Salz | Pfeffer, frisch gemahlen

1. Den Pizzateig wie auf Seite 70/71 beschrieben und gezeigt zubereiten und 1 Std. ruhen lassen.

2. Für die Füllung Salami und Mozzarella klein schneiden, mit Ricotta, Parmesan, Oregano, Eiern und 2 EL Olivenöl verrühren und mit Salz und Pfeffer würzen.

3. Den Teig durchkneten und halbieren. Jedes Stück auf der bemehlten Arbeitsfläche zu einem etwa $1/2$ cm dicken Kreis ausrollen, mit 1 EL Olivenöl bestreichen.

4. Die Füllung auf den Teigplatten verstreichen, dabei einen Rand frei lassen. Die Teigplatten halbmondförmig übereinander klappen und die Ränder gut zusammendrücken. Den Backofen auf 250° (Umluft 220°) vorheizen.

5. Die Teigtaschen mit je 1 EL Olivenöl bestreichen, auf ein geöltes Backblech setzen, ruhen lassen, bis der Ofen heiß ist, dann in etwa 20 Min. (Mitte) goldbraun backen.

GETRÄNK: einfacher Aglianico

Secondi Piatti

Fleisch und Fisch, gebraten, geschmort, gegrillt

In diesen Rezepten verbindet sich deftiges Schweinefleisch harmonisch mit den süßsauren Elementen der Sauce.

Arrosto di maiale alle prugne

GESCHMORTE SCHWEINELENDE MIT PFLAUMEN

FÜR ANFÄNGER
AUS DEN ALPENGEBIETEN

MARINIEREN: 2–3 Std.
ZUBEREITUNG: 50 Min.
PRO PORTION CA.: 495 kcal

FÜR 4 PERSONEN:

200 g Trockenpflaumen ohne Stein
200 ml Weißwein
1 Zwiebel
1 Knoblauchzehe
1 kg Schweinelende ohne Knochen (am Stück)
Salz | Pfeffer, frisch gemahlen
2 EL Olivenöl
1 EL Butter
150 ml Kalbsfond

1. Die Trockenpflaumen im Wein 2–3 Std. marinieren, anschließend in ein Sieb abgießen und die Flüssigkeit auffangen.

2. Die Zwiebel schälen und fein würfeln, den Knoblauch schälen. Das Fleisch von Sehnen und Fett befreien, mit Salz und Pfeffer einreiben.

3. Olivenöl und Butter in einer großen Pfanne erhitzen und die Zwiebeln darin hellgelb anschwitzen. Das Fleisch hinzufügen und von allen Seiten bei mittlerer Hitze goldgelb anbraten, den Knoblauch dazupressen und kurz mitbraten.

4. Pflaumenmarinade und Kalbsfond angießen und das Fleisch zugedeckt in 35–45 Min. unter öfterem Wenden garen. 10 Min. vor Ende der Garzeit die Pflaumen hinzufügen.

5. Zum Servieren das Fleisch in Scheiben schneiden, mit den Pflaumen garnieren und etwas Sauce drumherum träufeln. Die restliche Sauce getrennt dazuservieren.

GETRÄNK: Nebbiolo d'Alba

Costolette di maiale al miele

SCHWEINEKOTELETTS MIT HONIG

FÜR ANFÄNGER
FÜR GÄSTE

ZUBEREITUNG: 45 Min.
PRO PORTION CA.: 675 kcal

FÜR 4 PERSONEN:

100 g durchwachsener Speck
1 Zwiebel
400 g Mangold
2–3 Knoblauchzehen
6 EL Olivenöl
150 ml Kalbsfond
Salz | Pfeffer, frisch gemahlen
4 Schweinekoteletts (je 200 g)
Mehl zum Wenden
1 Zweig Rosmarin
8 Salbeiblätter
2–3 EL Rotweinessig
2 EL Honig

1. Den Speck fein würfeln, Zwiebel schälen und ebenfalls fein würfeln. Den Mangold waschen, putzen, Stiele und Blätter getrennt klein schneiden. Knoblauch schälen.

2. 3 EL Olivenöl in einer Pfanne erhitzen, Speck- und Zwiebelwürfel darin bei mittlerer Hitze unter Rühren einige Minuten lang hellbraun braten. Mangoldstiele hinzufügen und etwa 3–4 Min. mitbraten, dann die Mangoldblätter dazugeben, ebenfalls kurz mitbraten. Den Knoblauch dazupressen, den Fond angießen, das Mangoldgemüse salzen und pfeffern, zugedeckt etwa 30 Min. köcheln lassen.

3. Inzwischen die Koteletts salzen, pfeffern und in Mehl wenden. Das restliche Olivenöl in einer Pfanne erhitzen und die Koteletts darin mit Rosmarin und Salbei von beiden Seiten in 5–7 Min. knusprig braun braten. Mit dem Essig ablöschen und den Honig hinzufügen. Alles gut vermengen. Rosmarin und Salbei entfernen.

4. Die Koteletts auf Tellern anrichten und mit dem Mangold servieren.

GETRÄNK: Refosco del Peduncolo Rosso von Volpe Pasini

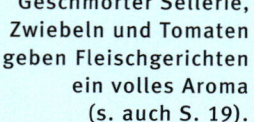

Geschmorter Sellerie, Zwiebeln und Tomaten geben Fleischgerichten ein volles Aroma (s. auch S. 19).

Am besten schmeckt der florentinische Schweinebraten, wenn man ihn am Spieß über offenem Feuer langsam brät – ein ideales Sommer-Grillgericht! Aber im Ofen gelingt er genauso gut.

Arista alla fiorentina
SCHWEINEBRATEN NACH FLORENTINER ART

FÜR ANFÄNGER
AUS DER TOSKANA

ZUBEREITUNG: 20 Min.
GAREN: 2 Std.
BEI 6 PERSONEN
PRO PORTION CA.: 305 kcal

FÜR 4–6 PERSONEN:

3 Zweige Rosmarin
4 Knoblauchzehen
1 TL Fenchelsamen
abgeriebene Schale von
1 unbehandelten Zitrone
je 1 Prise gemahlene Gewürznelken und Lorbeerblätter
Salz | Pfeffer, frisch gemahlen
1,2 kg ausgelöstes Kotelett-
stück vom Schwein

Außerdem:

Küchengarn

1. Den Backofen auf 200° vorheizen. Rosmarin waschen, trockentupfen, die Nadeln abstreifen und fein hacken. Knoblauch schälen und pressen.

2. Rosmarin, Knoblauch, Fenchelsamen, Zitronenschale, Nelken- und Lorbeerpulver, Salz und Pfeffer in einer Schüssel gründlich mischen und das Fleisch damit rundherum einreiben. Mit Küchengarn wie einen Rollbraten fest verschnüren.

3. Das Fleisch in den heißen Ofen auf den Backofenrost (Mitte, Umluft 180°) legen, eine Fettpfanne darunter schieben, damit der Saft beim Braten aufgefangen wird.

4. Das Fleisch etwa 2 Std. garen, dabei häufig wenden und mit dem ausgetretenen Bratensaft begießen.

5. Vor dem Servieren das Küchengarn entfernen. Das Fleisch in Scheiben schneiden und mit dem Bratensaft beträufeln. Dazu passen Lorbeerkartoffeln (Seite 132) oder Polenta.

GARNIEREN: mit Rosmarin

GETRÄNK: Chianti Rùfina

Salsiccie alle uve
WÜRSTE MIT TRAUBEN

FÜR ANFÄNGER
AUS UMBRIEN

ZUBEREITUNG: 30 Min.
PRO PORTION CA.: 435 kcal

FÜR 4 PERSONEN:

4 frische rohe Schweinswürste
(ungeräuchert)
2 EL Olivenöl
600 g kernlose grüne,
aromatische Trauben

1. Die Würste in einer Pfanne in Olivenöl von allen Seiten braun braten, dabei mehrfach einstechen, damit das Fett austritt. Aus der Pfanne nehmen und warm stellen.

2. Das Fett bis auf etwa 2 EL aus der Pfanne kippen und die Trauben darin bei mittlerer Hitze unter Wenden etwa 10 Min. dünsten. Die Trauben auf Teller verteilen, die Würste darauf legen.

GETRÄNK: La Carraia Sangiovese dell'Umbria

VARIANTE: Mit grünen Trauben kann man auch Schweinekoteletts zubereiten.

Werden beim Blumenkohl die grünen Hüllblätter nicht über dem Kopf zusammengebunden, gibt die Sonne den Röschen eine attraktive violette Farbe.

ZUBEREITUNG: 45 Min.
BEI 6 PERSONEN
PRO PORTION CA.: 540 kcal

FÜR 4–6 PERSONEN:

Für die Leber:

400 g Zwiebeln
800 g Kalbsleber
100 g Butter
200 ml Weißwein
Salz | Pfeffer, frisch gemahlen
Mehl zum Wenden nach Belieben
2 EL Olivenöl
1 EL gehackte Petersilie

Für die Polenta:

Salz
150 g Polentamehl (Maisgrieß)
Öl für die Platte
2 EL Olivenöl
20 g Butter

Fegato alla veneziana
KALBSLEBER VENEZIANISCH

1. Für die Polenta $1/2$ l Wasser (oder auch Gemüsebrühe) mit Salz zum Kochen bringen, den Maisgrieß unter ständigem Rühren einrieseln lassen. Auf kleiner Hitze ununterbrochen etwa 20 Min. rühren. Die Polenta ist gar, wenn sie sich gut vom Topfrand löst. Den Maisbrei auf eine geölte Porzellanplatte geben, mit einer Palette gleichmäßig 1 cm dick verstreichen und abkühlen lassen.

2. Inzwischen für die Leber die Zwiebeln schälen und in feine Ringe schneiden. Die Kalbsleber von Haut und Sehnen befreien, der Länge nach halbieren und quer in dünne Scheiben schneiden, beiseite stellen.

3. Aus der abgekühlten Polenta runde oder eckige Formen ausstechen bzw. ausschneiden (etwa 7 cm groß) und in der Mischung aus 2 EL Olivenöl und 20 g Butter von beiden Seiten goldbraun braten.

4. Für die Leber in einer zweiten Pfanne 50 g Butter zerlassen und die Zwiebelringe darin goldbraun braten. Mit Weißwein ablöschen und bei mittlerer Hitze 5 Min. unter gelegentlichem Wenden garen. Salzen und pfeffern, aus der Pfanne nehmen.

5. Die Leberscheiben nach Belieben in Mehl wenden. Restliche Butter und das Olivenöl in die Pfanne geben, erhitzen und die Leberscheiben darin ganz kurz von beiden Seiten braten. Salzen, pfeffern und die Zwiebeln untermischen. Mit Petersilie bestreuen und sofort mit den Polentascheiben servieren.

GETRÄNK: Cabernet Franc aus Venetien

ZUBEREITUNG: 1 Std.
PRO PORTION CA.: 515 kcal

FÜR 4 PERSONEN:

1 Zwiebel
1 Möhre (etwa 120 g)
1 Stück Stangensellerie (etwa 80 g)
30 g *lardo* (fetter gesalzener Speck)
30 g Fettstreifen von rohem Schinken
2 reife Tomaten
800 g vorgekochte Kutteln
je 1 Msp. gemahlene Gewürznelken und Muskatnuss, frisch gerieben
Salz | Pfeffer, frisch gemahlen
300 ml kräftige Fleischbrühe
6 Salbeiblätter
8 Scheiben geröstete Ciabattascheiben (oder Baguette)
50–80 g Parmesan, frisch gerieben

Busecca
KUTTELTOPF

1. Die Zwiebel schälen und fein würfeln. Möhre und Sellerie schälen bzw. waschen und putzen, klein schneiden. Speck und Schinkenstreifen ebenfalls fein würfeln. Die Tomaten kurz überbrühen, häuten, vierteln, entkernen und würfeln.

2. Speck und Schinkenfett in einem Topf bei mittlerer Hitze auslassen, Zwiebeln und Gemüse hinzufügen und bei mittlerer Hitze etwa 5 Min. dünsten.

3. Die Kutteln hinzufügen, mit Nelken und Muskat sowie Salz und Pfeffer würzen. Die Brühe angießen, die Salbeiblätter hinzufügen und alles halb zugedeckt etwa 30 Min. köcheln lassen (siehe Tipp).

4. Die Busecca in Suppenteller gießen und mit dem gerösteten Brot servieren. Den Parmesan getrennt dazureichen.

GETRÄNK: leichter Rotwein oder Bier

TIPP!
Die Garzeit hängt davon ab, wie lange die Kutteln vorgekocht wurden. Sie sollen am Ende sehr weich sein.

EINWEICHEN: über Nacht
ZUBEREITUNG: 2 Std.
BEI 6 PERSONEN
PRO PORTION CA.: 610 kcal

FÜR 4–6 PERSONEN:

200 g getrocknete
Borlottibohnen

1 Zwiebel | 1 Möhre

2 Knoblauchzehen

100 g *lardo* (fetter gesalzener
Speck)

150 g *pancetta* (luftgetrockneter leicht durchwachsener
Bauchspeck)

50 g Butter | 1,7 l Fleischbrühe

8 Salbeiblätter

4 EL Petersilienblättchen,
gehackt

2 Kartoffeln

250 g Sauerkraut

200 g Perlgraupen

Salz | Pfeffer, frisch gemahlen

Jota goriziana
EINTOPF AUS GÖRTZ

1. Die Bohnen über Nacht in kaltem Wasser einweichen.

2. Am folgenden Tag die Zwiebel schälen,
die Möhre waschen und putzen, beides
fein würfeln, Knoblauch schälen. *Lardo*
und *pancetta* in sehr kleine Würfel schneiden. Die Bohnen abgießen.

3. Die Butter in einem Topf erhitzen, Zwiebeln, Möhren, *lardo* und *pancetta* darin
unter Rühren goldbraun braten. Die Bohnen hinzufügen.

4. 1 Liter Brühe angießen, Salbei und
Petersilie dazugeben und alles halb zugedeckt 1 Std. köcheln lassen.

5. Die Kartoffeln schälen und würfeln.
Mit Sauerkraut und Graupen in den Topf
geben, die restliche Brühe dazugießen
und den Eintopf weitere 30–45 Min.
köcheln lassen. Mit Salz und Pfeffer abschmecken und sehr heiß servieren.

GETRÄNK: Rotwein, z. B. Schioppettino
oder Bier

ZUBEREITUNG: 40 Min.
GAREN: 2 Std.
BEI 8 PERSONEN
PRO PORTION CA.: 375 kcal

FÜR 6–8 PERSONEN:

1 große Zwiebel

je 100 g Möhren und
Stangensellerie

3 kg Kalbshaxenscheiben
(6–8 Stück)

Salz | Pfeffer, frisch gemahlen

Mehl zum Wenden

1 kg reife Tomaten

6 EL Olivenöl | 2 EL Butter

2 Knoblauchzehen

2 Lorbeerblätter

$^1/_4$ l Weißwein | $^1/_2$ l Kalbsfond

1 EL Thymianblättchen

Für die Gremolata:

1 Knoblauchzehe

4 EL gehackte Petersilie

abgeriebene Schale von
2 unbehandelten Zitronen

Ossobuco alla milanese
KALBSHAXENSCHEIBEN MAILÄNDER ART

1. Die Zwiebel schälen und fein würfeln,
Möhren und Sellerie schälen bzw. waschen
und putzen, ebenfalls fein würfeln. Die
Fleischscheiben salzen und pfeffern und
in Mehl wenden.

2. Die Tomaten kurz überbrühen, häuten,
vierteln, entkernen und grob zerteilen.
Den Backofen auf 180° vorheizen.

3. Öl und Butter in einem Bräter erhitzen
und die Haxenscheiben darin von beiden
Seiten bei mittlerer Hitze anbraten, wieder
herausnehmen.

4. Im verbliebenen Fett die Gemüsewürfel
hellbraun anbraten. Die Haxenscheiben
wieder in die Pfanne geben, Knoblauch
schälen und dazupressen. Tomatenstücke
und Lorbeer hinzufügen, Wein und Kalbsfond angießen, die Thymianblättchen
darüber streuen und alles umrühren.

5. Den Bräter in den heißen Backofen
(Mitte, Umluft 160°) schieben und alles
$1^1/_2$–2 Std. schmoren, dabei die Haxenscheiben gelegentlich mit der Sauce be-
schöpfen und wenden.

6. Inzwischen für die Gremolata den
Knoblauch schälen und sehr fein hacken,
mit Petersilie und Zitronenschale mischen.
5 Min. vor Ende der Garzeit die Haxenscheiben damit bestreuen. Das Fleisch
auf vorgewärmten Tellern anrichten.

GETRÄNK: Terra di Franciacorta Rosso

FÜR KÖNNER
AUS DER EMILIA ROMAGNA

ZUBEREITUNG: 2 Std.
PRO PORTION CA.: 395 kcal

FÜR 8 PERSONEN:

1 Zwiebel

2 EL Butter

200 g geschälte, gekochte Esskastanien (Maronen)

Salz | Pfeffer, frisch gemahlen

1 *cotechino* (500 g, gekocht; siehe Tipp)

350 g schieres Kalbfleisch in einer Scheibe

150 g Parmaschinken in dünnen Scheiben

1 Zwiebel

1 Möhre

1 Stück Stangensellerie

2 EL Olivenöl

2 Zweige Rosmarin

$^1/_4$ l Weißwein

2 Lorbeerblätter

150 g *Mostarda di Cremona* (Senffrüchte)

Außerdem:

Küchengarn

Cotechino in galera
COTECHINOROULADE

1. Die Zwiebel schälen, fein würfeln und in der Butter glasig anschwitzen. Kastanien fein hacken und einige Minuten unter Rühren mitbraten. Die Mischung salzen, pfeffern und abkühlen lassen.

2. Den *cotechino* vorbereiten wie unten gezeigt (Step 1). Backofen auf 200° vorheizen. Das Kalbfleisch plattieren (Step 2), salzen und pfeffern.

3. Die Kastanienmischung auf der Kalbfleischscheibe verteilen, den *cotechino* in die Mitte setzen. Das Fleisch aufrollen, mit dem Schinken umwickeln und die Roulade mit Küchengarn binden (Step 3).

4. Zwiebel und Möhre schälen, Sellerie waschen und putzen, alles grob würfeln. Eine ofenfeste Form mit Olivenöl auspinseln, die Roulade hineinsetzen, das Gemüse darum herum verteilen. Alles etwa 30 Min. im heißen Ofen (Mitte, Umluft 180°) garen. Rosmarin waschen, trockentupfen.

5. Den Wein angießen, Lorbeer und Rosmarin hinzufügen und die Roulade weitere 30 Min. garen, sie dabei ab und zu drehen, eventuell noch so viel Wasser angießen, dass das Gemüse in Flüssigkeit garen kann.

6. Die Fleischroulade aus der Form nehmen und warm stellen, Lorbeer und Rosmarin entfernen, den Bratensaft mit dem Gemüse und den Senffrüchten pürieren.

7. Die Roulade auf eine vorgewärmte Platte legen, mit der Sauce umgießen.

GARNIEREN: mit etwa 50 g in Scheiben geschnittenen Senffrüchten

GETRÄNK: Nebbiolo d'Alba von Luigi Pira

TIPP!

Cotechino ist eine rohe Schweinswurst, die kräftig mit Nelken, Muskat und Pfeffer gewürzt ist. Man kann sie frisch oder gekocht in italienischen Feinkostläden mit Frischtheke oder auch in gut sortierten Supermärkten kaufen.

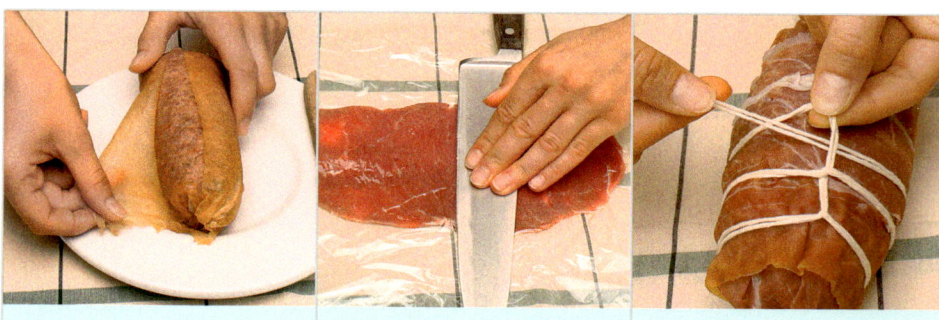

1. Den *cotechino* sorgfältig von Fett, Haut und eventuell Gelatineresten befreien.

2. Das Kalbfleisch mit Klarsichtfolie abdecken und so dünn wie möglich pressen.

3. Speckscheiben um die Roulade wickeln und diese mit Küchengarn umbinden.

Im Original wird dieser Piemonteser Klassiker mit dem »König der Weine«, mit Barolo, zubereitet.

Brasato al Barbera
RINDERSCHMORBRATEN MIT BARBERA

FÜR ANFÄNGER
AUS DEM PIEMONT

MARINIEREN: 6 Std.
ZUBEREITUNG: 30 Min.
SCHMOREN: 2 Std. 30 Min.
PRO PORTION CA.: 525 kcal

FÜR 6 PERSONEN:

2 Zwiebeln | 2 Möhren
1 Selleriestange
3 Knoblauchzehen
2 Zweige Rosmarin
2 Zweige Thymian
2 Lorbeerblätter
4 Gewürznelken
$3/4$ l Barbera (Rotwein aus dem Piemont)
1,5 kg Rinderschmorbraten (Hüfte)
Salz | Pfeffer, frisch gemahlen
6 EL Olivenöl
$1/8$ l Gemüsebrühe
1 TL Maisstärke nach Bedarf
4 reife Birnen
4 EL Preiselbeermarmelade

1. Zwiebeln schälen und grob würfeln, Möhren und Sellerie schälen bzw. waschen und putzen und ebenfalls grob würfeln. Knoblauch schälen und halbieren. Rosmarin und Thymian waschen, trockentupfen.

2. Das Gemüse in eine Schüssel geben, Kräuter und Gewürze hinzufügen, den Rotwein darüber gießen und das Fleisch einlegen. Zugedeckt mindestens 6 Std., am besten über Nacht, kalt stellen.

3. Das Fleisch aus der Marinade heben und trockentupfen. Die Marinade durch ein Sieb gießen und aufkochen, Gemüse und Würzzutaten aufbewahren.

4. Das Fleisch von allen Seiten salzen und pfeffern, in einem Topf in heißem Olivenöl rundum braun anbraten. Gemüse, Kräuter und Gewürze aus der Marinade sowie die Hälfte der Marinadenflüssigkeit hinzufügen, aufkochen.

5. Das Fleisch bei schwacher Hitze halb zugedeckt insgesamt etwa 2 $1/2$ Std. sanft köcheln lassen, dabei nach und nach die restliche Marinade sowie die Gemüsebrühe dazugießen.

6. Rosmarinzweige, Thymianstängel, Lorbeerblätter und Gewürznelken entfernen und das Gemüse in der Sauce pürieren. Falls die Sauce noch zu dünn ist, die Maisstärke mit kaltem Wasser anrühren und die kochende Sauce damit binden.

7. Die Birnen halbieren, das Kerngehäuse entfernen und die Hälften mit der Preiselbeermarmelade füllen. Das Fleisch in Scheiben schneiden, auf einer vorgewärmten Platte anrichten und mit einem Teil der Sauce begießen. Die restliche Sauce getrennt reichen.

GARNIEREN: mit Birnenhälften (Kernhaus entfernt), in die jeweils 1 TL Preiselbeermarmelade gesetzt wird

GETRÄNK: derselbe Wein, der für den Braten verwendet wurde, z. B. ein Bricco dell'Uccellone aus Barbera d'Asti

Filetto di manzo con olive
RINDERFILET MIT OLIVEN

FÜR ANFÄNGER
FÜR GÄSTE

ZUBEREITUNG: 20 Min.
PRO PORTION CA.: 485 kcal

FÜR 4 PERSONEN:

4 Rinderfilets (je 180 g)
Salz | Pfeffer, frisch gemahlen
30 g Butter
1 EL Olivenöl
150 g grüne Oliven, entsteint und halbiert
$1/8$ l Weißwein
150 g Sahne
einige Tropfen Zitronensaft
1 Msp. Zucker

1. Die Filets mit Salz und Pfeffer würzen, in einer Pfanne in der Butter-Öl-Mischung auf beiden Seiten jeweils 3–4 Min. braten. Warm stellen.

2. Die Oliven ins Bratfett geben, mit dem Weißwein ablöschen, Sahne, Zitronensaft und Zucker hinzufügen und alles etwas einkochen lassen. Mit Salz abschmecken.

3. Die Filets auf vorgewärmte Teller geben und mit der Sauce umgießen. Dazu passt frisches Weißbrot.

GARNIEREN: mit grob gestoßenem bunten Pfeffer

GETRÄNK: Chianti Classico

ZUBEREITUNG: 3 Std. 15 Min.
BEI 8 PERSONEN
PRO PORTION CA.: 360 kcal

FÜR 6–8 PERSONEN:

30 g getrocknete Pilze
200 g Kalbsbries | 30 g Butter
1 Möhre | 2 Knoblauchzehen
1/2 Bund Petersilie
200 g gemischtes Hackfleisch
80 g Erbsen (frisch oder TK)
3 EL Pistazienkerne
1–2 TL Majoranblättchen
3 Eier | 3 EL frisch geriebener
Parmesan
Salz | Pfeffer, frisch gemahlen
Muskatnuss, frisch gerieben
2 l Gemüsebrühe
1 Kalbsbrust (entbeint, 1,2 kg,
vom Metzger eine Tasche zum
Füllen einschneiden lassen)

Außerdem:

Küchengarn

Cima alla genovese
GEFÜLLTE KALBSBRUST

1. Die Pilze in lauwarmem Wasser einweichen. Das Kalbsbries in kochendem Wasser 5 Min. blanchieren, eiskalt abschrecken, von allen Häuten und Blutgefäßen befreien und klein würfeln. Butter in einer Pfanne erhitzen und die Brieswürfel darin sanft anbraten. Abkühlen lassen.

2. Pilze abtropfen lassen – Pilzwasser aufbewahren – und klein hacken. Die Möhre waschen, putzen und in feine Würfel schneiden, Knoblauchzehen schälen, die Petersilie waschen, trockentupfen, die Blättchen abzupfen und fein hacken.

3. Das Hackfleisch in eine Schüssel geben. Den Knoblauch dazupressen. Möhren, Petersilie, Erbsen, Pistazien, Majoran, verquirlte Eier und Parmesan unterrühren. Die Masse mit Salz, Pfeffer und Muskat kräftig würzen.

4. Die Gemüsebrühe erhitzen, das Pilzwasser zugießen. Die vorbereitete Kalbsbrust von innen und außen salzen und pfeffern, nur zu etwa zwei Drittel mit der Mischung füllen, da diese sich beim Garen noch ausdehnt. Die Öffnung mit Küchengarn zunähen.

5. Die Kalbsbrust in die siedende Brühe legen. Zugedeckt bei sehr schwacher Hitze etwa 2 Std. garen. Vom Herd nehmen und noch 1/2 Std. in der Brühe ziehen lassen. Herausnehmen und in nicht zu dünne Scheiben schneiden. Mit Salat servieren.

GARNIEREN: Die Bratenscheiben auf Radicchioblättern anrichten.

GETRÄNK: Dolcetto d'Alba

VARIANTEN: Für die Füllung existieren zahlreiche Varianten, z. B. mit gehackten Spinatblättern, Speck- und Zwiebelwürfeln, gewürfeltem Kalbsfilet und verschiedenen Kräutern.

Stinco di vitello al limone

KALBSHAXE MIT ZITRONENSAUCE

1. Die Kalbshaxe sorgfältig von Sehnen und Fett befreien, salzen und pfeffern. Die Zwiebel schälen und grob zerteilen.

2. Den Backofen auf 160° vorheizen. Öl und Butter in einem großen Bräter erhitzen und die Kalbshaxe darin von allen Seiten braun anbraten. Die Zwiebeln hinzufügen, den Knoblauch schälen und dazupressen.

3. $^1/_8$ l Kalbsfond über die Haxe gießen und den Bräter in den heißen Ofen (unten, Umluft 150°) schieben. Rosmarin und Thymian waschen, trockentupfen und zufügen. Die Haxe insgesamt 2 $^1/_4$–2 $^1/_2$ Std. schmoren, dabei alle 30 Min. wenden.

4. Die Kalbshaxe aus der Sauce nehmen, in Alufolie wickeln und warm stellen. Die Sauce aus dem Bräter durch ein Sieb in einen kleinen Topf gießen und auf die Hälfte einkochen lassen.

5. Eigelbe, Zitronensaft und den restlichen Kalbsfond gut miteinander verquirlen, die Petersilie zugeben und die Mischung in den kochenden Bratensaft gießen. Unter ständigem Rühren zum Sieden (nicht bis zum Kochen!) bringen. Die Sauce soll sämig werden, darf aber nicht kochen, da sie sonst gerinnt.

6. Das Fleisch vom Knochen lösen und in Scheiben schneiden, auf einer vorgewärmten Platte anrichten und die Sauce darüber gießen.

GETRÄNK: Sangiovese di Romagna

FÜR ANFÄNGER
AUS DER EMILIA ROMAGNA

ZUBEREITUNG: 50 Min.
SCHMOREN: 2 Std. 30 Min.
BEI 6 PERSONEN
PRO PORTION CA.: 335 kcal

FÜR 4–6 PERSONEN:

1 Kalbshaxe (2 kg)
Salz | Pfeffer, frisch gemahlen
1 Zwiebel
4 EL Olivenöl
2 EL Butter
2 Knoblauchzehen
$^1/_4$ l Kalbsfond
2 Zweige Rosmarin
4 Zweige Thymian
2 Eigelbe
2 EL Zitronensaft
2 EL gehackte Petersilie

FÜR ANFÄNGER
FÜR GÄSTE

MARINIEREN: 6 Std.
ZUBEREITUNG: 25 Min.
GAREN: 2 Std. 30 Min.
**BEI 6 PERSONEN
PRO PORTION CA.:** 605 kcal

FÜR 4–6 PERSONEN:

1 Lammkeule (mit Knochen, etwa 2,5 kg)

4 Knoblauchzehen

2 EL Olivenöl

Salz | Pfeffer, frisch gemahlen

je 1 EL gehackter Rosmarin und Thymian

2 Zwiebeln

2 Lorbeerblätter

$^1/_2$ l Rotwein

$^1/_4$ l Kalbsfond

400 g Zucchini

400 g Tomaten

1 TL Maisstärke nach Bedarf

Coscia di agnello alle verdure
LAMMKEULE MIT GEMÜSE

1. Die Lammkeule von allem Fett befreien und mit einem spitzen Messer alle 2 cm etwa $^1/_2$ cm tief einstechen. Knoblauch schälen und in eine kleine Schüssel pressen. Mit Öl, Salz, Pfeffer und Kräutern zu einer Paste vermengen und die Keule damit rundum einreiben. Mindestens 6 Std. zugedeckt kalt stellen.

2. Den Backofen auf 250° (Umluft 220°) vorheizen. Zwiebeln schälen und vierteln. Die Lammkeule in einen Bräter setzen, die Zwiebeln darum verteilen, Lorbeerblätter hinzufügen. Den Bräter in den heißen Ofen (Mitte) stellen und die Lammkeule in etwa 30 Min. braun braten, dabei hin und wieder wenden.

3. Die Hälfte des Rotweins und des Kalbsfonds angießen, die Hitze auf 180° (Umluft 160°) zurückschalten und die Keule weitere 1 $^1/_2$–2 Std. garen, dabei drei bis vier Mal wenden, nach und nach die restliche Flüssigkeit darüber gießen.

4. Zucchini waschen, putzen und in $^1/_2$ cm dicke Scheiben schneiden, Tomaten kurz überbrühen, häuten, vierteln und entkernen. Das Gemüse 30 Min. vor Ende der Garzeit zur Lammkeule geben, salzen und pfeffern und alles offen fertig garen.

5. Die Lammkeule aus der Sauce nehmen und für 5–10 Min. warm gestellt ruhen lassen. Die Sauce durch ein Sieb gießen, wenn nötig mit Küchenpapier entfetten und eventuell mit in etwas kaltem Wasser angerührter Maisstärke binden.

6. Die Lammkeule mit dem Gemüse auf einer vorgewärmten Platte anrichten, die Sauce getrennt dazuservieren. Als Beilage passt am besten cremige Polenta.

GETRÄNK: Aglianico aus Kampanien

FÜR ANFÄNGER
AUS KALABRIEN

ZUBEREITUNG: 1 Std.
PRO PORTION CA.: 485 kcal

FÜR 4 PERSONEN:

2 grüne Paprikaschoten (300 g)

500 g reife Tomaten

100 g grüne Oliven mit Stein

1 kleine Zwiebel

2–3 Knoblauchzehen

5 Stängel glatte Petersilie

10 EL Olivenöl

1–2 *peperoncini* (getrocknete Chilischoten)

Salz | Pfeffer, frisch gemahlen

8 Lammkoteletts (je 100 g)

Agnello alla Cosentina
LAMM AUS COSENZA

1. Den Backofengrill vorheizen. Paprikaschoten halbieren, putzen und mit der Hautseite nach oben auf einen mit Alufolie bedeckten Grillrost legen. Unter dem Grill etwa 10 Min. backen, bis die Haut schwarz wird und Blasen wirft. Sofort mit einem feuchten Tuch bedecken, kurz ruhen lassen und die Haut abziehen. Das Fruchtfleisch in 1 cm kleine Stücke schneiden.

2. Tomaten kurz überbrühen, häuten, vierteln, entkernen und klein schneiden. Von den Oliven das Fruchtfleisch in Streifen vom Stein schneiden. Zwiebel schälen und fein würfeln, Knoblauch schälen. Petersilie waschen, trockentupfen, die Blättchen abzupfen und fein hacken.

3. 4 EL Olivenöl in einer Pfanne erhitzen und die Zwiebelwürfel darin hellgelb anbraten. Paprika- und Tomatenstücke hinzufügen und unter Rühren 2–3 Min. dünsten. Die Oliven hinzufügen. Chili-

schoten darüber zerrebeln, Knoblauch dazupressen und die Petersilie hinzufügen. Salzen und pfeffern, alles gut vermischen und zugedeckt bei milder Hitze etwa 15 Min. garen.

4. Die Koteletts von Fett und Sehnen befreien, salzen und pfeffern und im restlichen heißen Olivenöl von beiden Seiten je etwa 3 Min. knusprig braun braten. Auf dem Gemüse anrichten, sofort servieren.

GETRÄNK: Morellino di Scansano Riserva

TIPP!

Es ist nicht unbedingt nötig, die Paprikaschoten zu häuten, das Gericht schmeckt jedoch feiner und ist außerdem leichter verdaulich.

ZUBEREITUNG: 35 Min.
GAREN: 50 Min.
PRO PORTION CA.: 590 kcal

FÜR 4 PERSONEN:

1 küchenfertiges Kaninchen
(etwa 1,5 kg)
Salz | Pfeffer, frisch gemahlen
100 g Schalotten
2 Knoblauchzehen
500 g reife Tomaten
2 EL Pinienkerne
4 EL Olivenöl
2 EL Butter
$1/8$ l trockener Wermut
$1/8$ l Weißwein
4 Salbeiblätter
2 Lorbeerblätter
2 EL gehackte Petersilie
1 Prise Muskatnuss, frisch
gerieben

Coniglio in umido
GESCHMORTES KANINCHEN

1. Das Kaninchen in 8–10 Teile zerlegen, diese kurz kalt abwaschen, trockentupfen, mit Salz und Pfeffer einreiben. Schalotten schälen und fein würfeln, den Knoblauch schälen und pressen. Tomaten kurz überbrühen, häuten, vierteln, entkernen und klein schneiden. Die Pinienkerne in einer trockenen Pfanne leicht bräunen.

2. Öl und Butter in einer Deckelpfanne erhitzen und die Kaninchenteile darin von allen Seiten braun braten. Schalotten, Knoblauch und Tomaten hinzufügen, 2–3 Min. mitbraten. Mit Wermut und Weißwein ablöschen.

3. Salbei und Lorbeerblätter hinzufügen und alles aufkochen, dann die Temperatur verringern und das Fleisch zugedeckt in etwa 45–50 Min. gar schmoren.

4. Kurz vor Ende der Garzeit Pinienkerne und gehackte Petersilie zum Kaninchen geben, das Gericht mit Salz, Pfeffer und Muskat abschmecken.

GETRÄNK: Inferno aus dem Valtelina

> **TIPP!**
> Statt eines ganzen Kaninchens können Sie auch vier Keulen verwenden.

EINWEICHEN: über Nacht
ZUBEREITUNG: 30 Min.
GAREN: 1 Std. 25 Min.
BEI 6 PERSONEN
PRO PORTION CA.: 515 kcal

FÜR 4–6 PERSONEN:

200 g Linsen
1 kg ausgelöste Hammel- bzw.
Lammschulter oder -keule
1 Zwiebel
6 Knoblauchzehen
4–6 getrocknete Chilischoten
(*peperoncini*)
50 g durchwachsener Speck
1 Bund Suppengrün
6 EL Olivenöl
350 ml Rotwein
1 kleine Dose geschälte
Tomaten
5 Gewürznelken
2 Zweige Rosmarin
Salz | Pfeffer, frisch gemahlen

Stufato di castrato con lenticchie
HAMMELRAGOUT MIT LINSEN

1. Linsen über Nacht einweichen. Am nächsten Tag das Hammelfleisch in große Würfel schneiden. Zwiebel und Knoblauch schälen und fein hacken, Chilischoten zerrebeln, Speck würfeln. Das Suppengrün waschen, putzen und grob zerkleinern.

2. Olivenöl in einem Topf erhitzen, das Fleisch darin von allen Seiten stark anbraten, wieder herausnehmen. Im verbliebenen Fett die Zwiebeln mit Knoblauch und Chili hellbraun braten. Den Speck dazugeben und unter Rühren noch einige Minuten mitbraten. Das Fleisch zufügen, mit dem Rotwein ablöschen, Suppengrün, Tomaten und Würzzutaten dazugeben, salzen und pfeffern.

3. Das Fleisch zugedeckt 1 $1/4$ Std. köcheln lassen. Inzwischen die Linsen abgießen und in frischem Wasser in etwa 25 Min. weich kochen, in ein Sieb abgießen und abtropfen lassen.

3. Nach 1 $1/4$ Std. die Linsen zum Fleisch geben und alles noch 5–10 Min. offen einkochen. Dazu passt Polenta oder Weißbrot.

GARNIEREN: mit frischem Rosmarin

GETRÄNK: Montepulciano d'Abruzzo von Masciarelli

> **TIPP!**
> Statt mit Hammel- oder Lammfleisch kann der Eintopf auch mit Fleisch vom Zicklein zubereitet werden.

Wer die Entenhaut besonders knusprig mag, kann die Keulen vor dem Servieren noch kurz unter den heißen Backofengrill schieben.

ZUBEREITUNG: 20 Min.
GAREN: 1 Std. 30 Min.
PRO PORTION CA.: 755 kcal

FÜR 4 PERSONEN:

4 Entenkeulen (je 350 g)
Salz | Pfeffer, frisch gemahlen
30 g geräucherter Bauchspeck
4 Knoblauchzehen
1 unbehandelte Zitrone
8 Salbeiblätter
2 Zweige Rosmarin
4 EL Olivenöl
4 Anchovisfilets (abgetropft)
300 ml Hühnerbrühe

Cosce di anatra in salsa piccante

ENTENKEULEN IN PIKANTER SAUCE

1. Entenkeulen von restlichen Kielen befreien, kalt abwaschen, mit Küchenpapier trockentupfen und überstehendes Fett abschneiden. Die Keulen salzen und pfeffern.

2. Den Speck sehr fein würfeln, Knoblauch schälen. Die Zitrone heiß waschen, trocknen und achteln. Kräuter waschen und trockentupfen.

3. Das Olivenöl in einer Pfanne erhitzen. Die Entenkeulen darin auf der Hautseite knusprig braun anbraten, umdrehen und weitere 3–4 Min. braten. Herausnehmen und das Fett bis auf 2 EL wegschütten.

4. Speck in der Pfanne glasig anschwitzen. Die Anchovisfilets zugeben und unter Rühren schmelzen lassen, den Knoblauch dazupressen. Zitronenachtel, Salbei und Rosmarin hinzufügen, die Brühe angießen. Die Entenkeulen wieder in die Pfanne legen. Zugedeckt etwa 1 1/2 Std. schmoren, ab und zu wenden. Dazu passt Polenta.

GETRÄNK: Nero d'Avola

ZUBEREITUNG: 1 Std.
MARINIEREN: 30 Min.
PRO PORTION CA.: 555 kcal

FÜR 4 PERSONEN:

1 küchenfertiges Hähnchen (1,2 kg)
2 Knoblauchzehen
1 TL Rosmarinnadeln
8 weiße Pfefferkörner
6 EL Olivenöl
abgeriebene Schale und Saft von 1 unbehandelten Zitrone
2 EL Tomatenmark
1/8 l Weißwein (ersatzweise Hühnerbrühe)
2 eingelegte Sardellenfilets
80 g schwarze Oliven mit Stein
2 EL Kapern
Salz | Pfeffer, frisch gemahlen

Pollo alla cacciatora

HÄHNCHEN MIT OLIVEN UND KAPERN

1. Hähnchen kalt abwaschen, mit Küchenpapier trockentupfen und in 6–8 Teile zerlegen. Knoblauch schälen und halbieren, mit Rosmarin und Pfefferkörnern im Mörser zerstoßen, 2 EL Olivenöl und die abgeriebene Zitronenschale hinzufügen. Alles gut vermischen und die Hähnchenteile damit einreiben. 30 Min. zugedeckt kalt stellen.

2. Das restliche Olivenöl in einem Topf erhitzen und die Hähnchenteile darin von allen Seiten knusprig braten. 3 EL Zitronensaft mit Tomatenmark und Weißwein verrühren und dazugießen. Halb zugedeckt 20–25 Min. schmoren.

3. Die Sardellenfilets abspülen und fein hacken. Von den Oliven das Fruchtfleisch in Streifen vom Stein schneiden. Mit den Sardellen und den Kapern in die Sauce geben, alles noch weitere 10 Min. köcheln lassen. Mit Salz und Pfeffer abschmecken.

GETRÄNK: Orvieto secco

ZUBEREITUNG: 25 Min.
GAREN: 1 Std. 10 Min.
BEI 3 PERSONEN
PRO PORTION CA.: 655 kcal

FÜR 2–3 PERSONEN:

1 küchenfertiges Perlhuhn
(etwa 1 kg)

350 g Wurstbrät (von unge-
räucherter Schweinswurst)

1 Zweig Rosmarin

5 Salbeiblätter

1 TL Wacholderbeeren

4 Knoblauchzehen

3 EL Olivenöl

Salz | Pfeffer, frisch gemahlen

$^{1}/_{4}$ l Weißwein

Außerdem:

Holzzahnstocher
Küchengarn

Faraona ripiena
GEFÜLLTES PERLHUHN

1. Das Perlhuhn kalt abwaschen und mit Küchenpapier trockentupfen. Wurstbrät in eine Schüssel geben. Rosmarin und Salbei waschen und trockentupfen. Rosmarinnadeln, Salbei, Wacholderbeeren und die geschälten Knoblauchzehen im Mörser zerstampfen und kräftig unter das Wurstbrät mischen.

2. Den Backofen auf 200° vorheizen. Die Hälfte der Wurstbrätmischung in das Huhn füllen, die Öffnung mit Hilfe von Zahnstochern und Küchengarn verschließen und dressieren; von außen mit Olivenöl, Salz und Pfeffer einreiben.

3. Das Huhn mit der Brustseite nach unten in eine passende ofenfeste Form legen, den Rest der Wurstbrätmischung darum herum verteilen und mit der Gabel etwas zerdrücken.

4. Das Perlhuhn im heißen Ofen (Mitte, Umluft 180°) 20 Min. braten, mit $^{1}/_{8}$ l Weißwein ablöschen und weitere 20 Min. braten. Das Huhn umdrehen, mit dem restlichen Weißwein begießen und weitere 20–30 Min. braten, bis es goldbraun und knusprig ist.

5. Das Perlhuhn tranchieren und auf einer vorgewärmten Platte auftragen, den Bratensaft getrennt servieren. Als Beilage eignen sich Grießplatteln (S. 132) und *Peperonata* (S. 126).

GARNIEREN: mit Rosmarin

GETRÄNK: Blauburgunder

TIPP!
Anstelle des Perlhuhns können Sie nätürlich auch ein
normales Hähnchen nehmen.

Quaglie all'arancia
WACHTELN IN ORANGEN-GRAPPA-SAUCE

1. Die Wachteln mit Küchengarn so dressieren, dass die Keulen fest am Körper liegen. In einer Deckelpfanne Butter und Öl erhitzen und die Wachteln darin bei mittlerer Hitze von allen Seiten goldbraun braten, salzen und pfeffern.

2. Die Orangen heiß waschen, trocknen, die Schale hauchdünn abschälen und in winzige Späne schneiden (oder die Orangenschale mit dem Zestenreißer in Streifen abziehen). Den Orangensaft auspressen und passieren.

3. Den Bratensatz der Wachteln mit dem Grappa ablöschen und diesen fast vollständig verdampfen lassen, dann Orangensaft und -schale zugeben, die Hühnerbrühe angießen.

4. Alles aufkochen und halb zugedeckt bei mittlerer Hitze etwa 30 Min. köcheln lassen, bis die Wachteln gar sind (beim Anstechen tritt klarer Fleischsaft aus) und die Sauce sämig eingekocht ist.

5. Das Küchengarn entfernen und die Wachteln auf Tellern anrichten. Dazu passt cremige Polenta.

GARNIEREN: mit Basilikum- oder Zitronenmelisseblättchen

GETRÄNK: Weißwein aus Sizilien, z. B. Don Pietro dei Principi di Spadafora

ZUBEREITUNG: 1 Std. 30 Min.
PRO PORTION CA.: 330 kcal

FÜR 4 PERSONEN:

8 Wachteln (küchenfertig)
50 g Butter
1 EL Olivenöl
Salz | Pfeffer, frisch gemahlen
2 unbehandelte Orangen
4 EL Grappa
etwa 150 ml Hühnerbrühe

Außerdem:

Küchengarn

FÜR GEÜBTE
AUS DER TOSKANA

KÜHLEN: 24 Std.
ZUBEREITUNG: 50 Min.
GAREN: 2 Std.
BEI 8 PERSONEN
PRO PORTION CA.: 505 kcal

FÜR 6–8 PERSONEN:

2 Möhren | 2 Selleriestangen

2 Zwiebeln

1,5 kg Wildschweinfleisch ohne Knochen (Keule)

3/4 l Rotwein (Chianti)

4–6 EL Olivenöl extra vergine

1 TL Wacholderbeeren

4 Lorbeerblätter

Salz | Pfeffer, frisch gemahlen

Für die Sauce:

je 50 g Trockenpflaumen ohne Stein und Rosinen

4 Knoblauchzehen

50 g Zucker | 50 g Pinienkerne

1–2 EL Zitronat und Orangeat

100 ml Rotweinessig

50 g Zartbitterschokolade

Cinghiale dolceforte
SÜSSSAURES WILDSCHWEINRAGOUT

1. Möhren und Sellerie waschen und putzen bzw. schälen, grob zerteilen. Zwiebeln schälen und vierteln. Das Fleisch in große Würfel schneiden, in eine Schüssel geben, das Gemüse zufügen, den Wein darüber gießen. Zugedeckt für 24 Std. kalt stellen.

2. Das Fleisch aus der Marinade nehmen und trockentupfen. Das Öl in einem Bräter erhitzen und das Fleisch darin portionsweise rundherum scharf anbraten. Die Marinade durch ein Sieb gießen, das Gemüse zum Fleisch geben und ebenfalls kräftig anrösten. Ein Drittel der Marinade dazugießen. Wacholder, Lorbeer, Salz und Pfeffer hinzufügen und alles zugedeckt etwa 1 1/2–2 Std. garen, dabei nach und nach die restliche Marinade zugießen.

3. Inzwischen für die Sauce Trockenpflaumen und Rosinen 30 Min. einweichen, abgießen. Nach Ende der Garzeit das Fleisch aus dem Topf nehmen, Lorbeerblätter und Wacholder entfernen und das Gemüse in der Sauce pürieren.

4. Für die Sauce den Knoblauch schälen. In einem kleinen Topf den Zucker goldbraun karamellisieren, Knoblauch dazupressen. Rosinen, Trockenpflaumen, Pinienkerne, Zitronat und Orangeat hinzufügen, mit dem Essig ablöschen und ein paar Minuten köcheln lassen. Inzwischen die Schokolade raspeln, dann in der Sauce auflösen.

5. Das Fleisch wieder in die Gemüsesauce geben, die süßsaure Sauce dazugießen und alles noch 10 Min. offen köcheln lassen. Die Sauce soll sehr sämig sein. Dazu passt Polenta sehr gut.

GETRÄNK: Rosso di Montalcino

FÜR GEÜBTE
AUS UMBRIEN

MARINIEREN: 2 Tage
ZUBEREITUNG: 40 Min.
GAREN: 2 Std. 30 Min.
BEI 6 PERSONEN
PRO PORTION CA.: 370 kcal

FÜR 4–6 PERSONEN:

1 küchenfertiger Wildhase (etwa 1,2 kg, mit Herz und Leber)

1 Möhre | 2 Zwiebeln

1 Selleriestange

2 Knoblauchzehen

1 Zweig Rosmarin | 3 Zweige Thymian | 3 Salbeiblätter

2 Lorbeerblätter

4 Wacholderbeeren

4 Pfefferkörner | Salz

3/4 l kräftiger Rotwein

Salz | Pfeffer, frisch gemahlen

Mehl zum Wenden

2 EL Olivenöl | 40 g Butter

1 TL Maisstärke nach Bedarf

Lepre in salmì
HASE IM SCHMORFOND

1. Den Hasen kalt abwaschen, trockentupfen und in 6–8 Teile zerlegen, Herz und Leber ganz lassen. Möhre, 1 Zwiebel und Sellerie schälen bzw. waschen und putzen, grob zerteilen. Knoblauch schälen und halbieren. Kräuter waschen, trockentupfen.

2. Gemüse, Kräuter, Gewürze und den Rotwein in einer Schüssel vermischen und die Hasenteile einlegen. Zugedeckt für mindestens 2 Tage kalt stellen.

3. Fleisch und Innereien aus der Marinade nehmen, trockentupfen. Die zweite Zwiebel schälen und würfeln. Die Hasenteile salzen, pfeffern und in Mehl wenden.

4. In einem Topf Öl und Butter erhitzen, Hasenteile und Innereien darin braun anbraten. Zwiebeln hinzufügen und ebenfalls goldbraun braten. Die Marinade zugießen und aufkochen. Das Fleisch halb zugedeckt bei mittlerer Hitze etwa 2 1/2 Std. garen, dabei sollte die Sauce etwas eindicken.

5. Die Hasenteile aus dem Bratfond nehmen, den Fond mit den Innereien durch ein Sieb gießen und die Innereien mit durchpressen. Falls die Sauce zu dünn ist, sie mit etwas Maisstärke binden. Dazu passt Polenta.

GARNIEREN: mit Rosmarin

GETRÄNK: Rubesco

TIPP!
Am besten schmeckt der Hase einen Tag nach der Zubereitung!

FÜR ANFÄNGER
VON DER INSEL PANTELLERIA

ZUBEREITUNG: 1 Std.
PRO PORTION CA.: 335 kcal

FÜR 4 PERSONEN:

300 g Kirschtomaten
2 küchenfertige Wolfsbarsche (je 600 g)
Salz | Pfeffer, frisch gemahlen
Saft von 1/2 Zitrone
3 mittelgroße Kartoffeln
1 EL Weißweinessig
40 g in Salz eingelegte Kapern (möglichst aus Pantelleria)
4–6 EL Olivenöl extra vergine
4 Knoblauchzehen
2 Stängel Petersilie

Spigola alla pantesca
WOLFSBARSCH MIT KIRSCHTOMATEN

1. Tomaten waschen und halbieren. Die Fische waschen, trockentupfen, innen und außen salzen, pfeffern und mit Zitronensaft beträufeln.

2. Kartoffeln schälen und in sehr dünne Scheiben schneiden oder hobeln. Salzwasser zum Kochen bringen, den Essig hinzufügen und die Kartoffeln darin 1 Min. blanchieren. Kapern in einem Sieb kalt abspülen und abtropfen lassen.

3. Den Backofen auf 200° vorheizen. Eine ofenfeste Form mit 2–3 EL Olivenöl auspinseln und mit den Kartoffelscheiben fächerförmig auslegen. Die Fische darauf legen und mit den Tomaten bedecken. Alles leicht salzen. Die Knoblauchzehen schälen, mit den Petersilienstängeln und den Kapern hinzufügen und mit dem restlichen Olivenöl beträufeln.

4. Fische und Kartoffeln im heißen Ofen (Mitte, 180°) 20–25 Min. garen. Vor dem Servieren die Petersilienstängel nach Belieben entfernen.

GETRÄNK: Chardonnay, z. B. Chirandà del Merlo 2001 Contessa Entellina DOC, oder eine Cuvée aus Sizilien: Don Pietro Bianco dei Principi di Spadafora

FÜR GEÜBTE
AUS DEM PIEMONT

ZUBEREITUNG: 50 Min.
PRO PORTION CA.: 485 kcal

FÜR 4 PERSONEN:

2 Knoblauchzehen
1 Zweig Rosmarin
1/8 l Weißwein
4 Saiblingfilets (je 200 g)
Salz | Pfeffer, frisch gemahlen
Mehl zum Wenden
4 EL Olivenöl

Für die Sauce:

1 Stange Lauch
2 EL Olivenöl extra vergine
2 Lorbeerblätter
1 Zweig Rosmarin
50 g Haselnusskerne, geröstet und gehackt
2 EL Kapern
Salz | Pfeffer, frisch gemahlen
200 ml Gemüsebrühe

Salmerino alle nocciole e capperi
SAIBLING MIT HASELNÜSSEN UND KAPERN

1. Den Knoblauch schälen und in Scheiben schneiden. Rosmarin waschen, mit Knoblauch und Weißwein in eine Schüssel geben und die Saiblingsfilets darin 15 Min. marinieren.

2. Inzwischen für die Sauce den Lauch putzen, das Weiße und Hellgrüne in feine Ringe schneiden. Diese in einem Sieb gründlich abbrausen, gut abtropfen lassen.

3. Das Öl erhitzen, Lauch mit Lorbeer und Rosmarin darin anschwitzen. Nüsse und Kapern hinzufügen und kurz mitbraten. Mit Salz und Pfeffer abschmecken, mit der Brühe aufgießen und bei mittlerer Hitze auf die Hälfte einkochen lassen.

4. Den Fisch aus der Marinade nehmen, trockentupfen, salzen, pfeffern und in Mehl wenden. Das Olivenöl in einer Pfanne erhitzen und die Fischfilets darin von beiden Seiten kurz braten, sie sollen innen noch leicht rosa bleiben.

5. Die Sauce im Mixer oder mit dem Pürierstab pürieren. Die Saiblingfilets auf vorgewärmte Teller legen und die Sauce angießen.

GETRÄNK: Gavi aus dem Piemont

VARIANTE: Statt Saibling können Sie auch (Lachs-)Forelle verwenden.

TIPP!
Dazu passen dünne, in Olivenöl bissfest gedünstete Fenchelscheiben und Artischockenherzen.

FÜR GEÜBTE
AUS LIGURIEN

WÄSSERN: 3 Tage
ZUBEREITUNG: 50 Min.
PRO PORTION CA.: 460 kcal

FÜR 4 PERSONEN:

etwa 1 kg gesalzener
Stockfisch (Klippfisch)

10 g getrocknete Steinpilze

1 Zwiebel

4 Knoblauchzehen

1 kleine Möhre

$^1/_2$ Selleriestange

3 EL Olivenöl

3 Anchovisfilets

20 kleine schwarze Oliven
(am besten Taggiasca-Oliven
aus Ligurien)

25 g Pinienkerne

1 kg Kartoffeln

2 EL Schweineschmalz

etwas Gemüsebrühe nach
Bedarf

Salz | Pfeffer, frisch gemahlen

Baccalà alla genovese
KLIPPFISCH AUF GENUESER ART

1. Den Klippfisch etwa 3 Tage wässern, das Wasser jeden Tag erneuern. Den Fisch von Haut und Gräten befreien und in etwa 10 cm große Stücke schneiden.

2. Die getrockneten Pilze in lauwarmem Wasser 20 Min. einweichen. Die Zwiebel schälen und fein würfeln, Knoblauch schälen, Möhre schälen und in kleine Würfel schneiden. Den Sellerie waschen, putzen und ebenfalls klein schneiden.

3. Das Öl in einer Pfanne erhitzen, Zwiebeln, Möhren und Sellerie darin anschwitzen, den Knoblauch dazupressen, die Anchovisfilets hinzufügen und alles unter Rühren goldgelb braten. Die eingeweichten Pilze würfeln, mit Oliven und Pinienkernen dazugeben und kurz mitbraten.

4. Kartoffeln schälen und in dünne Scheiben schneiden. Diese in einer großen Pfanne im Schmalz goldbraun braten.

5. Die Zwiebelmischung zu den Kartoffeln geben und alles gut vermischen. Die Fischstücke einlegen und zugedeckt etwa 10 Min. köcheln lassen. Falls die Mischung zu trocken wird, etwas Gemüsebrühe angießen. Das Gericht mit Salz und Pfeffer abschmecken und servieren.

GETRÄNK: Sauvignon

Pesce spada alla Messina
SCHWERTFISCH AUS MESSINA

1. Die Kartoffeln schälen und in sehr dünne Scheiben schneiden. In kochendem Salzwasser 2 Min. blanchieren, herausnehmen und abtropfen lassen.

2. Tomaten kurz überbrühen, häuten, vierteln, entkernen und klein schneiden. Die Oliven halbieren.

3. Schwertfischscheiben von beiden Seiten salzen und pfeffern und in Mehl wenden. Das Öl in einer großen Pfanne erhitzen und die Fische darin von beiden Seiten kurz anbraten. Mit dem Wein ablöschen.

4. Kartoffeln, Tomaten, Oliven und Kapern hinzufügen und das Ganze zugedeckt etwa 10 Min. bei milder Hitze garen.

5. Petersilie waschen und trockentupfen, die Blättchen abzupfen und fein hacken. Vor dem Servieren über die Schwertfischscheiben streuen.

GETRÄNK: Satrico Casale del Giglio

VARIANTEN: Statt Schwertfisch eignen sich auch viele andere Fische wie Kabeljau, Makrele, Steinbutt oder Seeteufel.

FÜR ANFÄNGER
AUS SIZILIEN

ZUBEREITUNG: 30 Min.
PRO PORTION CA.: 360 kcal

FÜR 4 PERSONEN:

3 Kartoffeln | Salz
2 reife Tomaten
100 g grüne Oliven ohne Stein
4 Scheiben Schwertfisch
(je 200 g)
Pfeffer, frisch gemahlen
Mehl zum Wenden
4 EL Olivenöl
100 ml Weißwein
50 g Kapern (abgetropft)
$1/2$ Bund Petersilie

Sardinen erfreuen sich von Venedig bis Sizilien großer Beliebtheit. Sie sind preiswert und schmecken hervorragend. Das kräftige Aroma harmoniert ausgezeichnet mit süß-säuerlichen Zutaten wie Orangen und Rosinen.

FÜR GEÜBTE
AUS SIZILIEN

ZUBEREITUNG: 1 Std.
PRO PORTION CA.: 805 kcal

FÜR 4 PERSONEN:

100 g Rosinen
1 kg frische Sardinen
Salz | Pfeffer, frisch gemahlen
8 EL Olivenöl extra vergine
1 unbehandelte Orange
150 g Pinienkerne
6 EL Semmelbrösel

Sarde alla Siciliana
SARDINEN MIT ORANGEN

1. Rosinen in lauwarmem Wasser einweichen. Die Sardinen unter fließendem kaltem Wasser säubern, die Köpfe abtrennen. Rücken-, Seiten- und Schwanzflossen entfernen (Step 1).

2. Fische am Bauch aufschneiden, Eingeweide und Mittelgräte entfernen (Step 2 und 3). Sardinen kalt abspülen, trockentupfen und längs am Rücken teilen.

3. Sardinen mit Salz und Pfeffer würzen, eng aneinander in eine mit etwa 2 EL Olivenöl ausgepinselte rechteckige ofenfeste Form legen. Den Backofen auf 180° (Umluft 160°) vorheizen.

4. Die Orange heiß waschen und trocknen. Die Schale dünn abreiben, den Saft auspressen und über die Sardinen gießen. Rosinen abgießen, trockentupfen und mit den Pinienkernen sowie der Orangenschale über die Sardinen streuen. Das restliche Olivenöl darüber träufeln, mit Semmelbröseln bestreuen.

5. Die Sardinen im heißen Ofen (Mitte) etwa 20 Min. backen.

GARNIEREN: 1–2 unbehandelte Orangen heiß waschen, trocknen und in Scheiben schneiden, die Sardinen in der Form vor dem Servieren damit garnieren.

GETRÄNK: La Segreta Bianco von Planeta

TIPP!
Das Ausnehmen der Sardinen erfordert Zeit und ist nicht jedermanns Sache, bitten Sie also ruhig Ihren Fischhändler darum.

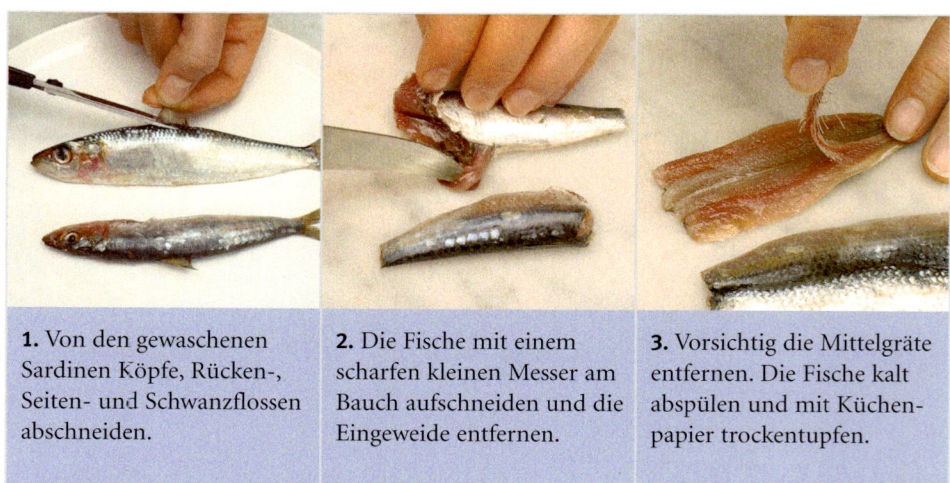

1. Von den gewaschenen Sardinen Köpfe, Rücken-, Seiten- und Schwanzflossen abschneiden.

2. Die Fische mit einem scharfen kleinen Messer am Bauch aufschneiden und die Eingeweide entfernen.

3. Vorsichtig die Mittelgräte entfernen. Die Fische kalt abspülen und mit Küchenpapier trockentupfen.

Wie die Meeräsche können Sie auch Wolfsbarsch, Dorade, Lachsforelle oder Steinbutt in Salzkruste zubereiten.

FÜR ANFÄNGER
FÜR GÄSTE

ZUBEREITUNG: 25 Min.
PRO PORTION CA.: 170 kcal

FÜR 2 PERSONEN:

1 küchenfertige Meeräsche (etwa 600 g)
Pfeffer, frisch gemahlen
1 Zweig Basilikum
2 Stängel Petersilie
2 kg grobes Meersalz

Muggine al sale
MEERÄSCHE IN DER SALZKRUSTE

1. Den Backofen auf 200° (Umluft 180°) vorheizen. Die Meeräsche waschen und trockentupfen, innen und außen pfeffern. Die Kräuter waschen, trockentupfen und in den Fischbauch stecken.

2. Etwa 600 g Salz in eine ofenfeste Form, in der der Fisch gerade Platz hat, schütten, den Fisch darauf legen und mit dem restlichen Salz vollständig bedecken. Im heißen Ofen (Mitte) etwa 20 Min. garen.

3. Die Salzkruste mit einem Sägemesser aufbrechen und den Fisch filetieren.

GETRÄNK: Greco di Tufo

TIPP!

Als Beilage eignet sich Spinat und eine klassische Weißweinsauce oder auch ein gemischter Salat.

FÜR ANFÄNGER
AUS SIZILIEN

ZUBEREITUNG: 25 Min.
PRO PORTION CA.: 885 kcal

FÜR 4 PERSONEN:

1 Zwiebel
7 EL Olivenöl
2 EL Petersilienblättchen
1 Lorbeerblatt
4 Scheiben Tunfisch (je 200 g)
Salz | Pfeffer, frisch gemahlen
75 ml trockener Marsala
4 Scheiben italienisches Bauernbrot (*pane casereccio*, ersatzweise Ciabatta)
6 EL Olivenöl extra vergine
4 Anchovisfilets (Dose)
2 EL Kapern
1–2 EL Zitronensaft

Tonno al Marsala
TUNFISCH MIT MARSALA

1. Die Zwiebel schälen und fein würfeln. In 4 EL Öl mit Petersilie und Lorbeer anschwitzen. Die Tunfischscheiben hinzufügen, beidseitig hellbraun braten, salzen und pfeffern. Den Marsala angießen und die Fischscheiben in 5–8 Min. bei mittlerer bis starker Hitze unter mehrmaligem Wenden garen.

2. Inzwischen die Brotscheiben im Olivenöl extra vergine beidseitig knusprig goldbraun braten und warm halten. Die Tunfischscheiben aus der Sauce nehmen und ebenfalls warm halten.

3. Die Anchovisfilets kurz abspülen und im restlichen Olivenöl unter Rühren schmelzen. Zum Bratensatz des Tunfischs geben, Kapern und Zitronensaft hinzufügen und alles kurz aufkochen.

4. Zum Servieren die Brotscheiben auf eine Servierplatte legen, die Tunfischscheiben darauf anrichten und die Sauce darüber gießen.

GETRÄNK: Verdicchio di Castello di Jesi

VARIANTEN: Sie können natürlich auch andere Fischfilets nehmen wie z. B. Kabeljau oder Seeteufel.

Stockfisch gehört in Italien zu den Leibspeisen. In italienischen Fischhandlungen kann man ihn schon gewässert kaufen.

Stocafisso all'abbruzzese
STOCKFISCH AUF ABRUZZENART

WÄSSERN: 4 Tage
ZUBEREITUNG: 1 Std. 15 Min.
BEI 6 PERSONEN
PRO PORTION CA.: 715 kcal

FÜR 4–6 PERSONEN:

Zum Wässern des Fischs:

1 kg ungesalzener Stockfisch (vom Fischhändler in 3–4 große Stücke geteilt)

1 unbehandelte Zitrone, gewaschen und geachtelt

1 Zwiebel, geviertelt

5 Lorbeerblätter

1 EL Kümmelsamen | Salz

Außerdem:

30 g getrocknete Pilze

1 Zwiebel | 3 Knoblauchzehen

1/2 Bund Petersilie

6 EL Olivenöl

5 Gewürznelken | 1 TL Zimtpulver | 2 Lorbeerblätter

2 getrocknete kleine Chilischoten (peperoncini), zerrebelt

Salz | Pfeffer, frisch gemahlen

1/8 l kräftige Gemüsebrühe

500 g Kartoffeln

1. Die Stockfischstücke mit Wasser bedecken, Zitrone, Zwiebel, Lorbeerblätter, Kümmel und 3 EL Salz hinzufügen. Den Fisch 4 Tage wässern, dabei jeden Tag das Wasser wechseln und immer wieder 3 EL Salz hinzufügen. Nach dem vierten Tag die Fischstücke aus dem Wasser nehmen, von Haut und Gräten befreien, in 2–3 cm große Stücke schneiden.

2. Die Pilze 20 Min. in lauwarmem Wasser einweichen. Die Zwiebel schälen und fein würfeln, Knoblauch schälen. Petersilie waschen, trockentupfen, die Blättchen von den Stängeln abzupfen und fein hacken.

3. Das Öl in einer großen Deckelpfanne erhitzen, die Zwiebelwürfel darin hellgelb anschwitzen, Fischstücke hinzufügen und etwas Farbe annehmen lassen. Pilze abtropfen lassen (das Pilzwasser aufheben), klein schneiden und mit durchgepresstem Knoblauch, Petersilie, Nelken, Zimt, Lorbeer und Chilis zum Fisch geben. Vorsichtig salzen und kräftig pfeffern.

4. Die Gemüsebrühe und 75 ml vom Pilzwasser angießen, alles einmal umrühren, die Pfanne zudecken und alles bei mittlerer Hitze etwa 25 Min. schmoren.

5. Die Kartoffeln schälen, in Scheiben schneiden und auf dem Fisch verteilen. Alles leicht salzen und zugedeckt weitere 20 Min. garen. Falls das Gericht zu trocken wird, noch etwas Wasser hinzufügen.

GETRÄNK: Frascati Santa Teresa von Fontana Candida

TIPP!
Für dieses Gericht kann man auch gesalzenen getrockneten Fisch (Klippfisch) nehmen. Diesen ohne Salz und nur 3 Tage wässern.

Scampi alla griglia
SCAMPI VOM GRILL

ZUBEREITUNG: 30 Min.
PRO PORTION CA.: 275 kcal

FÜR 4 PERSONEN:

600 g rohe Scampi oder Riesengarnelen mit Schale, ohne Kopf

2 Frühlingszwiebeln

2 Knoblauchzehen

50 g Butter

3 EL Olivenöl

1 EL Zitronensaft

Salz | Pfeffer, frisch gemahlen

2 EL gehackte Petersilie

1. Einen Holzgrill vorheizen. Frühlingszwiebeln waschen, putzen und fein hacken (nur das Weiße und Hellgrüne), Knoblauch schälen.

2. Butter und Öl in einer Pfanne erhitzen. Die Frühlingszwiebeln hineingeben, den Knoblauch dazupressen. Beides kurz anschwitzen, aber keine Farbe annehmen lassen. Zitronensaft, Salz und Pfeffer zufügen.

3. Die Scampi auf dem Grill von beiden Seiten etwa 5 Min. goldbraun braten, auf eine Servierplatte legen und mit der Sauce beträufeln. Mit Petersilie bestreuen.

GETRÄNK: toskanischer Rosé, z. B. Cerasuolo von Antinori, oder Gewürztraminer

Eine exquisite Variation der klassischen Lasagne, die mit Tomaten-Hackfleisch-Ragout und Béchamelsauce geschichet wird.

Lasagne con gamberi e polipo

LASAGNE MIT GARNELEN UND OKTOPUS

FÜR GEÜBTE
KLASSIKER AUF NEUE ART

ZUBEREITUNG: 1 Std. 15 Min.
BACKEN: 40 Min.
PRO PORTION CA.: 870 kcal

FÜR 6 PERSONEN:

750 g Blattspinat (TK)
400 g küchenfertiger Oktopus
600 g rohe geschälte Garnelen
80 g Butter
300 g Kabeljaufilet
Salz | Pfeffer, frisch gemahlen
1 Zwiebel
6 EL Mehl
200 ml Weißwein
1 l Fischbrühe (oder Fischfond)
250 g Crème fraîche
1 TL Zucker
2 EL Zitronensaft
ein paar Spritzer
Worcestershiresauce
1 Eigelb
Öl für die Form
400 g Lasagneblätter (vorgekocht oder getrocknete, die nicht vorgekocht werden müssen)
Butterflöckchen zum Belegen

1. Den Spinat auftauen lassen. Den Oktopus mit Salzwasser bedeckt im Schnellkochtopf in etwa 10–15 Min. weich kochen, herausnehmen, häuten (Step 1) und klein schneiden. Die Garnelen in 1 EL Butter ganz kurz von allen Seiten anbraten. Das Kabeljaufilet in kleine Stücke schneiden. Alles miteinander vermischen, salzen, pfeffern und beiseite stellen.

2. Zwiebel schälen und fein hacken. Restliche Butter aufschäumen und die Zwiebel darin glasig anschwitzen. Das Mehl einrühren, kurz anschwitzen, mit Weißwein und Fischbrühe ablösen. Crème fraîche einrühren, die Sauce mit Salz und Pfeffer abschmecken und bei milder Hitze 20 Min. einkochen lassen.

3. Die Sauce mit Zucker, Zitronensaft und Worcestershiresauce würzen, mit Eigelb legieren und nicht mehr kochen lassen. Den Backofen auf 180° vorheizen. Den Spinat ausdrücken.

4. Eine flache ofenfeste Form dünn ausfetten und etwas von der Sauce auf dem Boden verteilen. Eine Schicht Lasagneblätter einlegen. Auf die Teigblätter eine Lage Fisch-Meeresfrüchte-Mischung geben und diese mit Spinatblättern bedecken (Step 2).

5. Darauf wieder Teigblätter, Fisch-Meeresfrüchte-Mischung und Spinat geben. Den Vorgang wiederholen, bis alle Zutaten verbraucht sind. Die oberste Lage sollen Teigblätter sein, die mit der restlichen Sauce begossen werden. Butterflöckchen darüber verteilen (Step 3).

6. Die Lasagne im heißen Ofen (Mitte, Umluft 180°) in etwa 40 Min. goldbraun backen. Heiß in der Form servieren.

GETRÄNK: Pinot grigio

1. Den weich gekochten Oktopus häuten. Unter fließendem Wasser schleimige Stellen entfernen.

2. Die Lasagne schichten: zuerst Nudelblätter, darauf Meeresfrüchte-Mischung, darauf Spinatblätter.

3. Mit Lasagneblättern abschließen, die übrige Sauce darüber verteilen, mit Butterflöckchen belegen.

Als Füllung für die Tintenfische eignet sich auch Fischfilet, püriert und mit Zitronensaft, Petersilie und Kräutern gewürzt.

Calamari ripieni alla campana
GEFÜLLTE TINTENFISCHE

ZUBEREITUNG: 1 Std. 30 Min.
PRO PORTION CA.: 485 kcal

FÜR 4 PERSONEN:

30 g Rosinen | 1 Selleriestange

10 Basilikumblätter

2 EL Petersilienblättchen

3 Knoblauchzehen

5 EL Olivenöl

500 g geschälte Tomaten aus der Dose (abgetropft)

4 küchenfertige Tintenfische (je 250 g)

2 EL Semmelbrösel

2 EL frisch geriebener Caccio-cavallo (ersatzweise Pecorino)

30 g Pinienkerne, grob gehackt

1 EL Zitronensaft | 1 Ei

Salz | Pfeffer, frisch gemahlen

1 *peperoncino* (getrocknete Chilischote)

100 g schwarze Oliven, entsteint

75 ml Weißwein

Außerdem:

Holzzahnstocher | Küchengarn

1. Die Rosinen in Wasser einweichen. Sellerie waschen, putzen und fein würfeln, Basilikum und Petersilie separat hacken. Den Knoblauch schälen.

2. 3 EL Olivenöl erhitzen, Sellerie, Basilikum und 2 durchgepresste Knoblauchzehen darin unter Rühren anschwitzen. Tomaten grob zerteilen und hinzufügen. Alles unter gelegentlichem Rühren 30 Min. köcheln und dabei eindicken lassen.

3. Inzwischen die Rosinen abtropfen lassen und grob hacken. Die Fangarme der Tintenfische klein hacken und in 2 EL Olivenöl anbraten, die übrige Knoblauchzehe dazupressen und mitbraten.

4. Tintenfischmischung von der Kochstelle nehmen, mit Semmelbröseln, Petersilie, geriebenem Käse, Rosinen, Pinienkernen, Zitronensaft und verquirltem Ei vermischen. Mit Salz und Pfeffer abschmecken. Die Tintenfischkörper damit zu zwei Dritteln füllen. Die Öffnung mit Zahnstochern und Küchengarn verschließen.

5. Den Tomatensugo salzen und pfeffern, die Tintenfische einlegen. Chilischote, Oliven und Weißwein hinzufügen und alles zugedeckt bei schwacher Hitze etwa 40 Min. köcheln lassen. Mit Salz und Pfeffer abschmecken.

GETRÄNK: Falanghina von Fendi di San Gregorio

Trota affogata
FORELLE MIT KRÄUTERN

ZUBEREITUNG: 40 Min.
PRO PORTION CA.: 325 kcal

FÜR 4 PERSONEN:

4 küchenfertige Forellen (je 200 g)

Salz | Pfeffer, frisch gemahlen

Mehl zum Wenden

1 kleine Zwiebel

1 Bund Petersilie

1 Zweig Zitronenmelisse

4 Knoblauchzehen

3 EL Öl | 2 EL Butter

$^1/_4$ l Weißwein (ersatzweise Gemüsebrühe)

1. Die Forellen waschen und trockentupfen, innen und außen salzen und pfeffern, in Mehl wenden.

2. Die Zwiebel schälen und fein würfeln, Petersilie und Zitronenmelisse waschen, trockentupfen, die Blättchen hacken, den Knoblauch schälen.

3. Öl und Butter in einer großen Pfanne erhitzen und die Forellen darin von beiden Seiten goldbraun anbraten, Zwiebeln und Kräuter hinzufügen, den Knoblauch dazupressen und unter Rühren dünsten. Mit dem Weißwein ablöschen und die Fische 10–15 Min. garen, sie dabei mehrmals vorsichtig wenden.

4. Die Forellen auf vorgewärmten Tellern anrichten und die Sauce darüber träufeln.

GARNIEREN: mit Zitronenmelisse

GETRÄNK: Weißburgunder Exclusiv von der Kellerei St. Pauls

ZUBEREITUNG: 15 Min.
PRO PORTION CA.: 275 kcal

FÜR 4 PERSONEN:

8 küchenfertige Meerbarben
(je 100 g)
Salz | Pfeffer, frisch gemahlen
2 EL frische Oreganoblättchen
(ersatzweise 1 EL getrockneter
Oregano)
4–6 EL Olivenöl extra vergine
Saft von 1 Zitrone

Triglie alla calabrese
MEERBARBEN AUF KALABRISCHE ART

1. Den Backofen auf 200° (Umluft 180°) vorheizen. Die Meerbarben abspülen und trockentupfen, salzen und pfeffern. In eine ofenfeste Form legen.

2. Die Barben mit den Oreganoblättchen bestreuen, Öl und Zitronensaft darüber träufeln und die Fische etwa 10 Min. im heißen Ofen (Mitte) garen.

3. Die Fische in der Form servieren, mit dem ausgetretenen Saft beträufeln.

GARNIEREN: mit Zitronenscheiben

GETRÄNK: Orvieto

ZUBEREITUNG: 1 Std.
PRO PORTION CA.: 400 kcal

FÜR 4 PERSONEN:

1 küchenfertige große Dorade
(etwa 2 kg)
Salz | Pfeffer, frisch gemahlen
4 große Kartoffeln
1 Bund Petersilie
2 Knoblauchzehen
$1/8$ l Olivenöl
1 EL Butter für die Form
2 EL frisch geriebener Pecorino

Orata alla pugliese
DORADE MIT KARTOFFELN

1. Den Backofen auf 180° vorheizen. Die Dorade waschen, trockentupfen, innen und außen salzen und pfeffern. Die Kartoffeln schälen und in $1/2$ cm dicke Scheiben schneiden.

2. Petersilie waschen, trockentupfen, die Blättchen abzupfen und hacken. Knoblauch schälen und pressen, mit dem Öl und den Petersilienblättchen vermischen.

3. Eine ofenfeste Form mit der Butter ausstreichen, die Hälfte des aromatisierten Öls hineingießen, die Hälfte der Kartoffelscheiben einfüllen, salzen und 1 EL Käse darüber streuen. Den Fisch darauf legen, den restlichen Pecorino und die restlichen Kartoffelscheiben darüber verteilen.

4. Alles leicht salzen und den Rest des Öls darüber träufeln. Das Gericht im heißen Ofen (Mitte, Umluft 160°) 30–35 Min. garen und sofort servieren.

GETRÄNK: Rosé Rosa del Golfo

ZUBEREITUNG: 30 Min.
PRO PORTION CA.: 410 kcal

FÜR 4 PERSONEN:

700 g Seeteufelfilet
30 Zitronenblätter
Olivenöl zum Braten
Salz | Pfeffer, frisch gemahlen
100 g Butter
Saft von 5–6 Zedratzitronen
(ersatzweise der Saft von
2–3 normalen Zitronen)
50 g in Salz eingelegte Kapern
Holzspieße

Spiedini di rospo
SEETEUFELSPIESSE

1. Das Seeteufelfilet in 24 etwa 2 cm dicke Stücke schneiden und abwechselnd mit den Zitronenblättern auf Spieße stecken.

2. Olivenöl in einer Pfanne erhitzen und die Spieße darin in etwa 10 Min. von allen Seiten braun braten.

3. Das Fett abgießen, Butter und Zitronensaft zu den Spießen gießen und noch ein paar Minuten weiterbraten, bis der Saft etwas eingekocht ist. Die Seeteufelspieße salzen und pfeffern.

4. Die Kapern unter fließendem Wasser abwaschen und grob hacken. In die Sauce geben und darin erwärmen.

GETRÄNK: ein Est!Est!Est, z. B. Poggio dei Gelsi von Falesco

Die Vielfalt der Fische und Meeresfrüchte macht den Reiz dieses Eintopfs aus. Dabei können Sie die Zutaten beliebig wählen, z. B. passen auch Makrelen, Heilbutt, Miesmuscheln, Sepien etc.

FÜR GEÜBTE
VON DER TOSKANISCHEN KÜSTE

ZUBEREITUNG: 1 Std. 30 Min.
BEI 6 PERSONEN
PRO PORTION CA.: 360 kcal

FÜR 4–6 PERSONEN:

1,5 kg gemischte küchen-
fertige Fische mit Kopf, Fischstücke und Meeresfrüchte
(z. B. Seeteufel ohne Haut,
Knurrhahn, Meerbarbe,
Dorade, Tintenfische, Venusmuscheln, Garnelen)
1 Möhre
1 Selleriestange
1 Zwiebel
4 Knoblauchzehen
4 Tomaten
80 ml Olivenöl
200 ml Rotwein
Salz | Pfeffer, frisch gemahlen
4 Stängel Petersilie
toskanisches Weißbrot (ersatzweise Baguette)
1 Knoblauchzehe

Cacciucco alla livornese
FISCHEINTOPF AUS LIVORNO

1. Von den ganzen Fischen Flossen und Köpfe abschneiden, von allen Fischstücken und ganzen Fischen die Filets auslösen (Step 1–3). Tintenfische abspülen und klein schneiden, Muscheln waschen, geöffnete Exemplare wegwerfen.

2. Die Möhre schälen und grob würfeln, Selleriestange waschen, putzen und in große Stücke schneiden, Zwiebel schälen, eine Hälfte grob, die andere fein würfeln. Die Knoblauchzehen schälen. Tomaten kurz überbrühen, häuten, vierteln, entkernen und würfeln.

3. Fischköpfe und Gräten mit Möhren, Sellerie und den groben Zwiebelwürfeln in einen Topf geben, mit Wasser knapp bedecken (etwa $1/2$ l) und zugedeckt 20 Min. köcheln lassen. Die Fischbrühe durch ein Sieb gießen.

4. 60 ml Olivenöl in einem Topf erhitzen, die restlichen Zwiebelwürfel darin glasig anschwitzen, den Knoblauch dazupressen, Tomatenwürfel und Tintenfischstücke hinzufügen. Alles unter Rühren bei mittlerer Hitze 2–3 Min. dünsten, den Wein angießen und weitere 10 Min. köcheln lassen, salzen und pfeffern.

5. Die festfleischigen Fische (Seeteufel, Knurrhahn) in die Sauce legen, die Hälfte der vorbereiteten Fischbrühe angießen, 10 Min. sieden lassen. Muscheln und restliche Fischfilets dazugeben. Die übrige Brühe angießen, alles noch 10 Min. garen. Petersilie waschen, die Blättchen hacken und untermischen, den Eintopf mit Salz und Pfeffer abschmecken.

6. Die Weißbrotscheiben rösten, mit der halbierten Knoblauchzehe einreiben und mit dem restlichen Olivenöl beträufeln. Zum Fischtopf reichen.

GETRÄNK: toskanischer Rosé Cerasuolo von Antinori oder Polenza aus den Cinqueterre

TIPP!
Schneller geht es, wenn man statt ganzer Fische nur Fisch-filets nimmt und Fischfond aus dem Glas verwendet.

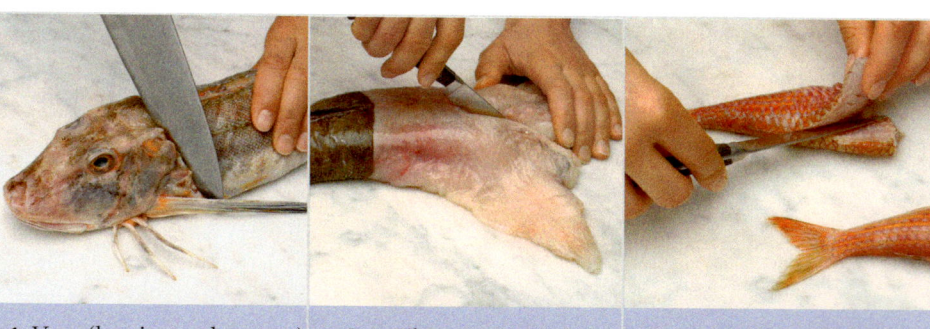

1. Vom (bereits geschuppten) Knurrhahn den Kopf ab-schneiden, dann die Filets auslösen (siehe der neben-stehende Step).

2. Das Filet vom Seeteufel auslösen. Oben und unten mittig bis zur großen Mittel-gräte schneiden. Diese nach und nach auslösen.

3. Von einer Meerbarbe das Filet auslösen: Mit dem flachen Messer an Rücken und Bauch eng an den Gräten entlangschneiden.

Contorni

Gemüse, Kartoffeln und Polenta

ZUBEREITUNG: 40 Min.
GAREN: 1 Std.
BEI 6 PERSONEN
PRO PORTION CA.: 410 kcal

FÜR 4–6 PERSONEN:

1 kg Knollensellerie
4 EL Butter
Salz | Pfeffer, frisch gemahlen
4 Eier | 100 g Sahne
Fett für die Form

Für die Sauce:

200 g Fontina, grob gewürfelt
1/8 l Weißwein | 100 g Sahne

Sformato di sedano rapa alla crema
SELLERIEPUDDING MIT KÄSE-SAHNE-SAUCE

1. Sellerie schälen und grob zerteilen. In einem Topf in der Butter bei milder Hitze zugedeckt etwa 25 Min. garen, dabei öfter umrühren. Ofen auf 180° vorheizen.

2. Das Selleriegemüse salzen, pfeffern und pürieren. Eier mit der Sahne verquirlen, salzen und pfeffern. Mit dem Selleriepüree vermengen. Die Masse in eine gefettete Puddingform füllen, in einem 80° heißen Wasserbad im heißen Backofen (Mitte, Umluft 160°) in 1 Std. stocken lassen.

3. Für die Sauce den Käse im Wein und der Sahne bei schwacher bis mittlerer Hitze unter Rühren schmelzen.

4. Den Pudding vorsichtig auf eine Platte stürzen, mit der Käsecreme übergießen.

GARNIEREN: mit gehackter Petersilie

VARIANTE: Auf diese Weise können Sie auch Brokkoli- oder Blumenkohlpudding zubereiten.

EINWEICHEN: über Nacht
ZUBEREITUNG: 2 Std.
PRO PORTION CA.: 235 kcal

FÜR 6 PERSONEN:

350 g weiße Bohnen
Salz
500 g Tomaten
5 Salbeiblätter
3 Knoblauchzehen
4 EL Olivenöl
Pfeffer, frisch gemahlen

Fagioli all'uccelletto
BOHNEN MIT SALBEI

1. Bohnen über Nacht einweichen. Am nächsten Tag das Einweichwasser auf 2 l ergänzen, die Bohnen bei kleinster Hitze etwa 1 1/2 Std. köcheln lassen, dann salzen.

2. Während die Bohnen kochen, die Tomaten überbrühen, enthäuten, vierteln, entkernen und klein schneiden. Salbeiblätter in Streifen schneiden, Knoblauch schälen.

3. In einem großen Topf das Olivenöl erhitzen, den Knoblauch hineinpressen, den Salbei zugeben und beides andünsten.

4. Bohnen abtropfen lassen und mit den Tomaten in den Topf geben, kräftig salzen und pfeffern. Zugedeckt 20 Min. garen.

GARNIEREN: mit in Olivenöl gebratenen Salbeistreifen

TIPP!
Die Bohnen sind eine typisch toskanische Beilage und werden oft zur *Fiorentina*, gegrilltem T-Bone-Steak, gereicht.

ZUBEREITUNG: 25 Min.
PRO PORTION CA.: 180 kcal

FÜR 4 PERSONEN:

30 g Rosinen
500 g frischer Spinat
1–2 Knoblauchzehen
1 EL Olivenöl | 30 g Butter
4 gesalzene Anchovisfilets
30 g Pinienkerne
Salz | Pfeffer, frisch gemahlen
1 Prise Muskatnuss, frisch gerieben

Spinaci in padella
GEBRATENER SPINAT

1. Rosinen in warmem Wasser einweichen. Den Spinat verlesen, Stiele entfernen. Die Blätter gründlich waschen und tropfnass in einem großen Topf bei mittlerer Hitze zusammenfallen lassen. Der Spinat soll aber nicht ganz weich werden.

2. Rosinen abtropfen lassen. Knoblauch schälen. Öl und Butter in einer Pfanne erhitzen, die Anchovisfilets hineingeben und zerdrücken, den Knoblauch dazupressen. Rosinen und Pinienkerne hinzufügen und umrühren.

3. Den Spinat in die Pfanne geben, salzen, pfeffern, mit Muskat würzen und alles gut vermischen. Sofort servieren.

FÜR ANFÄNGER
AUS KAMPANIEN

ZUBEREITUNG: 1 Std.
BEI 6 PERSONEN
PRO PORTION CA.: 135 kcal

FÜR 4–6 PERSONEN:

1 kg zarte grüne Bohnen
1 junge Knoblauchknolle
2 gelbe Paprikaschoten
4 EL Olivenöl extra vergine
Salz
1 TL Butter
2 EL gehackte Petersilie

FÜR ANFÄNGER
AUS UMBRIEN

ZUBEREITUNG: 50 Min.
PRO PORTION CA.: 385 kcal

FÜR 4 PERSONEN:

1 Zwiebel
100 g Stangensellerie
100 g Möhre
50 g geräucherter Bauchspeck
2 EL Olivenöl extra vergine
300 g Castelluccio-Linsen
(ersatzweise Puylinsen)
$1/8$ l Rotwein
1 TL Fenchelsamen
Salz | Pfeffer, frisch gemahlen

FÜR ANFÄNGER
AUS SARDINIEN

ZUBEREITUNG: 45 Min.
PRO PORTION CA.: 220 kcal

FÜR 6 PERSONEN:

1 kg reife Tomaten
1 Zwiebel
2 Knoblauchzehen
4 EL Olivenöl extra vergine
Salz | Pfeffer, frisch gemahlen
3 kurze, rundliche Auberginen
(1–1,2 kg)
300 g Büffelmilchmozzarella
(mozzarella di bufala)
2 EL gehackte Estragonblätter

Fagiolini in salsa di peperoni
GRÜNE BOHNEN IN PAPRIKASAUCE

1. Die Bohnen waschen und putzen. Den Backofengrill vorheizen. Die Knoblauchknolle in Alufolie wickeln. Paprikaschoten halbieren und putzen und mit der Hautseite nach oben auf einen mit Alufolie bedeckten Grillrost legen. Den eingewickelten Knoblauch dazulegen.

2. Beides unter dem Grill etwa 10 Min. backen, bis die Haut der Schoten schwarz wird und Blasen wirft. Die Paprikahälften herausnehmen und sofort mit einem feuchten Tuch bedecken. Den Knoblauch auswickeln und schälen. Die Paprikaschoten häuten, grob zerteilen und mit den Knoblauchzehen, Öl und Salz im Mixer fein pürieren.

3. Die Bohnen in kochendem Salzwasser 5–6 Min. kochen, abgießen und in der Butter weitere 2–3 Min. schwenken. Die Bohnen auf einer Platte anrichten, mit der Paprikasauce übergießen und mit Petersilie bestreuen.

Lenticchie in umido
GESCHMORTE LINSEN

1. Die Zwiebel schälen und fein hacken. Sellerie und Möhre waschen und putzen bzw. schälen und ebenfalls sehr klein würfeln. Auch den Bauchspeck fein würfeln.

2. Das Öl in einem Topf erhitzen, Gemüse- und Speckwürfel darin hellbraun anbraten. Linsen, Rotwein und Fenchelsamen hinzufügen, pfeffern und alles zugedeckt bei mittlerer Hitze 30–40 Min. garen. Das Gericht mit Salz und Pfeffer würzen.

> **TIPP!**
> Auf die gleiche Art können weiße Bohnen oder Kichererbsen zubereitet werden.

Melanzane al pomodoro
AUBERGINEN MIT TOMATEN

1. Tomaten kurz überbrühen, häuten und grob zerteilen. Zwiebel schälen und fein würfeln, Knoblauch schälen. Zwiebeln im Öl hellgelb anschwitzen, Knoblauch dazupressen und kurz mitbraten. Tomaten zugeben, salzen und pfeffern und köcheln, bis die Sauce stark eingedickt ist.

2. Inzwischen den Backofengrill vorheizen. Auberginen waschen, trocknen, die Enden abschneiden. Die Früchte in 18 etwa 1 cm dicke Scheiben schneiden. Kurz unter dem Grill von beiden Seiten bräunen. Backofen auf 200° (Umluft 180°) einstellen.

3. Den Mozzarella in 18 Scheiben schneiden. Die Auberginenscheiben auf ein mit Alufolie ausgekleidetes Backblech legen und mit je 1 Scheibe Käse belegen. Den Estragon in die Tomatensauce rühren und jeweils 1 EL davon über den Käse geben. Die belegten Auberginen im heißen Ofen (Mitte) etwa 5 Min. überbacken.

GARNIEREN: Jede überbackene Auberginenscheibe mit 1 Basilikumblättchen dekorieren.

Zusammen mit einem bunt gemischten Salat wird dieses kräuteraromatische Hefegebäck zum vegetarischen Imbiss.

Kräuterbuchteln

FÜR ANFÄNGER
AUS SÜDTIROL

ZUBEREITUNG: 25 Min.
RUHEN: 1 Std. 30 Min.
BACKEN: 30 Min.
PRO PORTION CA.: 320 kcal

FÜR 6 PERSONEN:

2 Zweige Rosmarin
6 Zweige Thymian
40 g Butter
350 g Mehl
Salz
25 g frische Hefe
1 TL Zucker
2 Eigelbe
Fett für die Form

Zum Bestreichen:

1 Eigelb | 1 EL Milch

1. Rosmarin und Thymian waschen und trockentupfen. Die Nadeln bzw. Blättchen abstreifen und fein hacken. 1 EL davon beiseite stellen. Den Rest in der Butter 1 Min. unter Rühren dünsten.

2. Mehl und etwas Salz in eine Schüssel geben. Hefe und Zucker in 150 ml lauwarmem Wasser auflösen, mit den Eigelben und den gedünsteten Kräutern zum Mehl geben. Alles mit den Knethaken des Handmixers zu einem festen, elastischen Teig verkneten, eventuell etwas Wasser zufügen. Den Teig zugedeckt 1 Std. ruhen lassen.

3. Eine Auflaufform fetten. Den Teig in 12 Stücke teilen, jedes Stück zu einer Kugel rollen. Die Teigkugeln dicht an dicht in die Form setzen. Abgedeckt weitere 30 Min. ruhen lassen. Backofen auf 200° vorheizen.

4. Zum Bestreichen das Eigelb mit der Milch verrühren und die Teigoberfläche damit bepinseln. Die zurückbehaltenen Kräuter darüber streuen und die Kräuterbuchteln im heißen Ofen (Mitte, Umluft 180°) 20–30 Min. backen. Heiß servieren.

GETRÄNK: Kerner

TIPP!
Die Buchteln passen besonders gut zu Braten und Gulasch.

Spargel mit Bozener Sauce

FÜR ANFÄNGER
AUS SÜDTIROL

ZUBEREITUNG: 45 Min.
BEI 6 PERSONEN
PRO PORTION CA.: 220 kcal

FÜR 4–6 PERSONEN:

1,5 kg weißer Spargel
2 EL Butter
Salz
1 Spritzer Zitronensaft
1 Prise Zucker

Für die Sauce:

4 Eier
etwa $\frac{1}{8}$ l Öl
Salz | Pfeffer, frisch gemahlen
1 TL Senf
1–2 EL Zitronensaft
1–2 EL Essig
je 2 EL gehackter Schnittlauch und Petersilie

1. Spargel waschen und schälen, holzige Enden großzügig abschneiden. Die Stangen in einen weiten Topf legen, knapp mit Wasser bedecken, Butter, Salz, Zitronensaft und Zucker hinzufügen. Das Wasser aufkochen und den Spargel in etwa 20 Min. gar, aber nicht zu weich kochen.

2. Inzwischen für die Sauce die Eier hart kochen, abschrecken und pellen. Eigelbe auslösen, durch ein Sieb streichen. Nach und nach unter Rühren das Öl zufließen lassen. Die restlichen Zutaten dazugeben. Zum Schluss das fein gehackte Eiweiß untermischen.

3. Den gekochten Spargel auf einer vorgewärmten Platte anrichten und servieren. Die Sauce getrennt dazureichen.

GARNIEREN: mit Schnittlauchhalmen

GETRÄNK: Terlaner Sauvignon

FÜR ANFÄNGER
AUS SIZILIEN

ZUBEREITUNG: 1 Std.
PRO PORTION CA.: 155 kcal

FÜR 4 PERSONEN:

je 1 große grüne, gelbe und
rote Paprikaschote
500 g Tomaten
2 Zwiebeln
4 Knoblauchzehen
4–6 EL Olivenöl
3–4 EL Weinessig
Salz | Pfeffer, frisch gemahlen
1 Prise Cayennepfeffer

Peperonata
PAPRIKAGEMÜSE

1. Paprikaschoten waschen, halbieren, putzen und grob zerteilen. Tomaten kurz überbrühen, häuten, vierteln, entkernen und grob zerteilen. Die Zwiebeln schälen, halbieren und in dünne Halbringe schneiden, Knoblauch schälen und in Scheibchen schneiden.

2. Das Olivenöl in einem Topf erhitzen und die Zwiebeln darin andünsten. Paprika und Knoblauch hinzufügen und unter Rühren anbraten.

3. Das Gemüse mit Weinessig beträufeln und aufkochen lassen. Die Tomatenstücke dazugeben, salzen und pfeffern und alles halb zugedeckt 20 Min. schmoren. Die Paprika sollen gar, aber nicht zu weich sein. Mit Salz, Pfeffer und Cayennepfeffer abschmecken.

> **TIPP!**
> *Peperonata* schmeckt warm oder kalt als Beilage zu Fleisch und Fisch.

FÜR ANFÄNGER
AUS LIGURIEN

ZUBEREITUNG: 45 Min.
PRO PORTION CA.: 175 kcal

FÜR 4 PERSONEN:

750 g Schwarzwurzeln
Saft von 1 Zitrone
1 Zwiebel
4 EL Olivenöl
4 EL gehackte Petersilie
Salz | 1 TL Mehl
etwa $1/4$ l Gemüse- oder
Fleischbrühe
2 Eigelbe
Pfeffer, frisch gemahlen

Scorzonera in umido
SCHWARZWURZELRAGOUT

1. Die Schwarzwurzeln unter fließendem Wasser gründlich abbürsten und (wegen des klebrigen Safts ebenfalls unter Wasser) so dünn wie möglich schälen. Die Wurzeln sofort in kaltes Wasser, das mit der Hälfte des Zitronensafts versetzt ist, legen.

2. Die Zwiebel schälen und fein hacken. Das Öl in einem Topf erhitzen, darin die Zwiebeln und die Hälfte der Petersilie kurz andünsten.

3. Schwarzwurzeln abtropfen lassen und in 3 cm lange Stücke schneiden. In den Topf geben, salzen und 5 Min. mitbraten.

4. Das Mehl darüber streuen, leicht Farbe annehmen lassen und mit der Brühe ablöschen. Das Gemüse gut durchrühren und 15–20 Min. köcheln lassen.

5. Eigelbe mit dem restlichen Zitronensaft, 2 EL Brühe und Salz verquirlen, in die Sauce rühren und diese erhitzen, aber nicht mehr kochen lassen. Mit Pfeffer abschmecken und mit der restlichen Petersilie bestreuen.

FÜR ANFÄNGER
AUS KAMPANIEN

ZUBEREITUNG: 20 Min.
MARINIEREN: 3 Std.
PRO PORTION CA.: 165 kcal

FÜR 4 PERSONEN:

500 g kleine Zucchini
2 Knoblauchzehen
6 EL Olivenöl
Salz | Pfeffer, frisch gemahlen
20 Basilikumblättchen
20 Minzeblättchen
20 Petersilienblättchen
100 ml Weißweinessig

Zucchine marinate
MARINIERTE ZUCCHINI

1. Zucchini waschen, trockentupfen und in $1/2$ cm dicke Scheibchen schneiden. Den Knoblauch schälen.

2. Das Öl erhitzen und die Zucchinischeiben darin hellbraun braten, den Knoblauch dazupressen und kurz mitbraten. Das Gemüse aus der Pfanne nehmen und in eine Schüssel geben, mit Salz und Pfeffer würzen.

3. Die Kräuter fein hacken und mit dem Essig verrühren. Die Mischung über die Zucchini gießen und alles vermengen. Zugedeckt für mindestens 3 Std. kalt stellen, hin und wieder wenden.

4. Die Zucchini 20 Min. vor dem Servieren aus dem Kühlschrank nehmen und Zimmertemperatur annehmen lassen.

GARNIEREN: mit Basilikum-, Minze- und Petersilienblättchen, nach Belieben gehackt

FÜR ANFÄNGER
FÜR GÄSTE

ZUBEREITUNG: 45 Min.
PRO PORTION CA.: 235 kcal

FÜR 4 PERSONEN:

2 große Fenchelknollen (800 g)
2 EL Olivenöl
2 EL Butter
Salz | Pfeffer, frisch gemahlen
1 Prise Zucker
$^1/_4$ l Gemüsebrühe
$^1/_4$ l Weißwein
1 Zwiebel | 2 Knoblauchzehen
8 schwarze Oliven
40 g Semmelbrösel

FÜR ANFÄNGER
AUS SIZILIEN

ABTROPFEN: 1 Std.
ZUBEREITUNG: 1 Std.
BEI 6 PERSONEN
PRO PORTION CA.: 95 kcal

FÜR 4–6 PERSONEN:

4 Auberginen (etwa 1,2 kg)
Salz | 1 große Zwiebel
2 Selleriestangen
etwa 150 ml Olivenöl
50–60 ml Weißweinessig
1–2 EL Zucker
1 EL Tomatenmark
40 g Kapern (möglichst aus Pantelleria)
Pfeffer, frisch gemahlen
70 g schwarze Oliven, entsteint

FÜR ANFÄNGER
AUS DEM FRIAUL

ZUBEREITUNG: 30 Min.
PRO PORTION CA.: 505 kcal

FÜR 4 PERSONEN:

8 kleine Artischocken mit Stiel
2 Knoblauchknollen
$^3/_4$ l Olivenöl
Salz | Pfeffer, frisch gemahlen
etwas Weinessig
2 EL gehackte Petersilie

Finocchio gratinato
GRATINIERTER FENCHEL

1. Fenchel waschen, putzen, die Stängel abschneiden, das Fenchelgrün aufbewahren. Die Knollen längs halbieren. In einem Topf oder in einer großen Deckelpfanne Öl und 1 EL Butter erhitzen, den Fenchel darin 5 Min. von allen Seiten anbraten, dabei salzen und pfeffern, 1 Prise Zucker zufügen.

2. Fenchel mit Brühe und Weißwein ablöschen und zugedeckt 25 Min. garen, dabei die Knollen ein Mal vorsichtig wenden.

3. Die Zwiebel schälen und fein würfeln, Knoblauch schälen und pressen, die Oliven entsteinen und fein hacken. Zwiebeln, Knoblauch, Oliven und Semmelbrösel vermischen. Die Mischung in der restlichen Butter andünsten, salzen und pfeffern.

4. Den Backofengrill vorheizen. Die Fenchelknollen aus der Brühe nehmen, in eine Gratinform legen, 2–3 EL der Brühe darüber gießen und die Bröselmasse auf dem Gemüse verteilen. Den Fenchel unter dem Grill goldbraun überbacken.

Caponata
AUBERGINENGEMÜSE

1. Die Auberginen waschen, Stielansatz entfernen, die Früchte grob würfeln, mit Salz bestreuen und in einem Sieb etwa 1 Std. abtropfen lassen.

2. Auberginenwürfel abspülen und mit Küchenpapier trockentupfen. Die Zwiebel schälen. Sellerie waschen und putzen, ebenso wie die Zwiebel fein würfeln.

3. In einem Topf oder einer großen Pfanne das Olivenöl erhitzen. Zwiebeln, Sellerie und Auberginen hinzufügen und bei starker Hitze braun rösten. Essig, Zucker, Tomatenmark und Kapern hinzufügen, salzen und pfeffern.

4. Die Oliven halbieren und ebenfalls hinzufügen. Das Ganze offen dickflüssig einkochen, dann abkühlen lassen. Das Auberginengemüse kalt servieren.

Carciofi alla friulana
ARTISCHOCKEN MIT KNOBLAUCH

1. Artischocken waschen, harte Blätter und Blattspitzen entfernen. Die Stiele abschneiden und schälen. Knoblauchzehen schälen.

2. Artischocken, die Stiele und Knoblauch in einen großen oder zwei kleinere Töpfe geben, mit dem Öl und etwa derselben Menge Wasser begießen (die Artischocken sollen etwa bis zur Hälfte mit Flüssigkeit bedeckt sein) und salzen und pfeffern. Die Flüssigkeit aufkochen.

3. Das Gemüse offen etwa 20 Min. bei starker Hitze köcheln lassen, bis die Flüssigkeit stark eingekocht ist. Artischocken und Stiele dabei immer wieder wenden.

4. Das Artischockengemüse mit Salz, Pfeffer und 1 Spritzer Essig abschmecken. Beim Anrichten etwas vom Sud über die Artischocken gießen, mit Petersilie bestreuen. Heiß oder lauwarm servieren.

Cipolle ripiene agli amaretti

ZWIEBELN MIT AMARETTIFÜLLUNG

FÜR GEÜBTE
AUS DER TOSKANA

ZUBEREITUNG: 30 Min.
BACKEN: 40 Min.
PRO PORTION CA.: 105 kcal

FÜR 6 PERSONEN:

6 mittelgroße rote Zwiebeln

2–3 Scheiben toskanisches Weißbrot ohne Rinde (ersatzweise Ciabatta)

100 ml Milch

12 Amaretti (italienische Mandelmakronen)

1 Ei

Salz | Pfeffer, frisch gemahlen

1 Prise Muskatnuss, frisch gerieben

2–3 EL kalte Butter

1. Die Zwiebeln schälen und in kochendem Wasser in etwa 15 Min. nicht zu weich kochen. Zwiebeln halbieren und etwas aushöhlen, der Rand sollte etwa 5 mm dick sein. Abkühlen lassen.

2. Den Backofen auf 180° vorheizen. Das Weißbrot in der Milch einweichen und gut ausdrücken. Die Amaretti zerstoßen (z. B. in eine Gefriertüte füllen und mit einem Nudelholz darüber rollen). Amarettibrösel mit Brot, Ei, Salz, Pfeffer und Muskat vermischen und die Zwiebeln damit füllen.

3. Eine ofenfeste Form ausbuttern, die Zwiebeln hineinsetzen und mit Butterflöckchen belegen. Im heißen Ofen (Mitte, Umluft 160°) etwa 40 Min. backen. Passt gut zu gegrilltem Fleisch.

Stufato di verdure

GEMÜSESCHMORTOPF

1. Artischocken waschen und von den harten äußeren Blättern sowie von trockenen Blattspitzen befreien. Die Stiele abschneiden. Die Artischocken sofort in mit 2 TL Zitronensaft versetztes Wasser legen. Die Zwiebel schälen und fein würfeln.

2. Das Olivenöl in einem Topf erhitzen und die Zwiebeln darin hellgelb anschwitzen. Artischocken vierteln und mit den Bohnen und Erbsen hinzufügen. Salzen, pfeffern und etwa $^1/_8$ l Wasser angießen. Das Gemüse halb zugedeckt etwa 20 Min. köcheln lassen, bis das Wasser fast ganz verdampft ist.

3. Weißweinessig, restlichen Zitronensaft und Zucker zum Gemüse geben und die Flüssigkeit bei starker Hitze unter Rühren wieder fast vollständig verdampfen lassen. Das Gemüse lauwarm servieren.

FÜR ANFÄNGER
AUS SIZILIEN

ZUBEREITUNG: 50 Min.
PRO PORTION CA.: 275 kcal

FÜR 4 PERSONEN:

6 zarte junge Artischocken

3 TL Zitronensaft

1 große Zwiebel

4 EL Olivenöl extra vergine

300 g ausgepalte Dicke Bohnen (TK)

300 g ausgepalte grüne Erbsen (TK)

Salz | Pfeffer, frisch gemahlen

75 ml Weißweinessig

1 TL Zucker

Drei überzeugende Alternativen zu Brot: in der Toskana bereitet man Kartoffeln schmackhaft zu, in Norditalien kocht man Grieß.

Patate all'alloro
LORBEERKARTOFFELN

1. Den Backofen auf 180° vorheizen. Die Kartoffeln waschen, trocknen und einmal längs tief einschneiden. In jeden Einschnitt 1 Lorbeerblatt stecken.

2. Das Öl in einer ofenfesten Form erhitzen und die Kartoffeln nebeneinander hineinsetzen, salzen und pfeffern.

3. Die Form in den heißen Ofen (Mitte, Umluft 160°) stellen und die Kartoffeln etwa 1 Std. backen, bis sie goldbraun und weich sind – Anstechprobe mit der Gabel oder einem Spieß.

TIPP!
Die Lorbeerkartoffeln passen gut zu Fisch- und Fleischgerichten vom Grill.

Polenta mista con aglio
BUCHWEIZEN-KNOBLAUCH-POLENTA

1. Knoblauch schälen. Das Olivenöl in einem Topf erhitzen und den Knoblauch hineinpressen. Unter Rühren bei mittlerer Hitze hellgelb andünsten. Die Gemüsebrühe angießen und zum Kochen bringen.

2. Unter ständigem Rühren beide Grießsorten einrieseln lassen und bei sehr milder Hitze in etwa 30 Min. ausquellen lassen. Immer wieder durchrühren, damit sich keine Klümpchen bilden. Die Polenta soll eher cremig als fest sein – bei Bedarf noch etwas Brühe oder Wasser zugießen.

GARNIEREN: mit frischen Knoblauchzehen

TIPP!
Besonders gut zu kurz gebratenem Fleisch, mit Tomatensugo eine vegetarische Mahlzeit.

Grießplatteln

1. Milch und Butter mit etwas Salz und Muskat aufkochen, den Grieß einstreuen und unter Rühren in etwa 10 Min. zu einem dicken Brei kochen. Die Masse etwas abkühlen lassen und auf eine geölte Marmor- oder Porzellanplatte aufstreichen. Vollständig erkalten lassen.

2. Aus der Grießplatte runde oder eckige, etwa 3–4 cm große Stücke ausstechen. Diese nacheinander in Mehl, verquirlten Eiern und Semmelbröseln wenden, in heißem Öl von beiden Seiten in etwa 10 Min. goldgelb ausbacken.

TIPP!
Die Platteln schmecken ausgezeichnet zu gebratenem Geflügel, können aber mit einem Salat auch als kleiner Imbiss gereicht werden.

Radicchio ist aus der italienischen Küche nicht wegzudenken. Es gibt runde, kegelförmige und längliche Sorten.

Radicchio fritto
GEBRATENER RADICCHIO

FÜR ANFÄNGER
AUS VENETIEN

ZUBEREITUNG: 30 Min.
PRO PORTION CA.: 145 kcal

FÜR 4 PERSONEN:

750 g längliche Radicchio-
stauden mit Wurzel
5 EL Olivenöl extra vergine
Salz | Pfeffer, frisch gemahlen
2–3 EL Aceto balsamico

1. Den Radicchio waschen, putzen und trockentupfen. Die Stauden je nach Größe längs halbieren oder vierteln.

2. Das Öl in einer Pfanne erhitzen und das Gemüse darin von allen Seiten bei starker Hitze rasch braun braten. Mit Salz und Pfeffer würzen, den Essig darüber gießen und etwas verdampfen lassen.

TIPP!
Gebratener Radicchio passt gut zu gegrilltem Fleisch und Fisch.

Pomodori ripieni
GEFÜLLTE TOMATEN

FÜR ANFÄNGER
AUS SARDINIEN

ZUBEREITUNG: 45 Min.
PRO PORTION CA.: 270 kcal

FÜR 4 PERSONEN:

4 große, feste Tomaten
100 g Semmelbrösel
60 g Pecorino, frisch gerieben
2 Eier
1 EL gehackte Petersilie
Salz | Pfeffer, frisch gemahlen
1 Prise Zucker
1 Msp. Muskatnuss, frisch gerieben
3–4 EL Olivenöl extra vergine

1. Die Tomaten waschen und oben jeweils einen Deckel abschneiden. Die Früchte mit einem scharfkantigen Löffel aushöhlen. Den Backofen auf 160° vorheizen.

2. Semmelbrösel, Pecorino, Eier und Petersilie vermischen, mit Salz, Pfeffer, Zucker und Muskatnuss würzen. Die Masse in die Tomaten füllen.

3. Eine ofenfeste Form mit 1 EL Olivenöl einfetten, Tomaten hineinsetzen, Deckel obenauf setzen. Das restliche Öl darüber träufeln. Die Tomaten im heißen Ofen (Mitte, Umluft 150°) etwa 30 Min. backen.

VARIANTE: Die sizilianische Variante hat in der Füllung noch schwarze Oliven, Kapern, Knoblauch und Zwiebeln.

Cime di rapa stufate
GESCHMORTES RÜBSTIELGEMÜSE

FÜR ANFÄNGER
KLASSIKER

ZUBEREITUNG: 35 Min.
PRO PORTION CA.: 140 kcal

FÜR 4 PERSONEN:

1,5 kg cime di rapa (Rübstiel; siehe Tipp)
50 ml Olivenöl
1 EL Butter
2 Knoblauchzehen
Salz | Pfeffer, frisch gemahlen
3 Lorbeerblätter
3–4 EL Weißwein

1. Das Rübstielgemüse waschen, putzen und in 2–3 cm lange Stücke schneiden.

2. Öl und Butter erhitzen und das Gemüse darin unter Rühren anschwitzen. Knoblauch schälen und dazupressen, salzen und pfeffern, die Lorbeerblätter hinzufügen, den Wein dazuträufeln.

3. Das Gemüse im geschlossenen Topf etwa 15 Min. garen, dabei öfter umrühren und falls nötig noch etwas Wasser oder Wein hinzufügen.

TIPP!
Cime di rapa sind in Italien äußerst beliebt. Es handelt sich dabei um Stängel und Blätter der Mairübchen. Das Gemüse ist hier als Rübstiel, Stängelkohl oder Stielmus bekannt. Man kann es durch zarte Brokkoliröschen ersetzen oder damit mischen.

Dolci

Fruchtig und sahnig, gebacken und geeist

In manchen Gegenden Sardiniens werden die *Seadas* auch *Sevadas* oder *Sebadas* genannt. Traditionellerweise verwendet man *miele ranzigu*, das ist der Honig des wildwachsenden Erdbeerbaums – ein schönes Mitbringsel von der Insel!

FÜR KÖNNER
AUS SARDINIEN

ZUBEREITUNG: 45 Min.
RUHEN: 30 Min.
PRO STÜCK CA.: 80 kcal

FÜR ETWA 14 STÜCK:

300 g Mehl | 2 Eier
50 g zerlassene Butter | Salz
Mehl zum Ausrollen

Für die Füllung:

300 g sehr frischer Pecorino
(oder *ricotta di
pecora*/Schafsmilch-Ricotta)
abgeriebene Schale von je
1 unbehandelten Zitrone
und Orange
Öl zum Ausbacken

Für die Sauce:

100 g herber Honig (z. B. aus
Wildblüten)
Saft von 1 Orange

Seadas
GEFÜLLTE TEIGTÄSCHCHEN

1. Aus Mehl, Eiern, Butter und Salz mit den Knethaken des Handrührgeräts einen elastischen, festen Teig zubereiten, zugedeckt für 30 Min. kalt stellen.

2. Für die Füllung den Käse mit Zitronen- und Orangenschale vermischen.

3. Auf einer bemehlten Fläche den Teig zu Kreisen von 10 cm Ø ausrollen, jeweils 1 Löffel Füllung in die Mitte setzen, den Teig halbmondförmig zusammenklappen und die Ränder gut zusammendrücken.

4. Das Öl zum Ausbacken auf 180° erhitzen und die Seadas darin portionsweise von beiden Seiten goldbraun frittieren. Die Teigtäschchen auf Küchenpapier abtropfen lassen und warm halten.

5. Für die Sauce den Honig im Wasserbad erwärmen und mit dem Orangensaft mischen. Die Seadas auf einer Servierplatte oder auf Portionstellern anrichten und mit der Sauce übergießen.

GETRÄNK: Angialis Bianco dolce Argiolas

FÜR ANFÄNGER
AUS DEM PIEMONT

ZUBEREITUNG: 35 Min.
RUHEN: 1 Std.
PRO STÜCK CA.: 110 kcal

FÜR ETWA 50 STÜCK:

350 g Haselnusskerne
160 g weiche Butter
200 g Zucker
1 Ei
1 Prise Salz
1 Päckchen Vanillezucker
200 g Mehl
20 g Kakaopulver
60 g Zartbitterschokolade
(mindestens 70 % Kakaoanteil)

Baci di dama
»DAMENKÜSSE« (HASELNUSSGEBÄCK)

1. Haselnüsse in einer beschichteten Pfanne ohne Fett unter Rühren rösten, bis sie duften, etwas abkühlen lassen und mahlen.

2. Butter mit Zucker mit den Quirlen des Handrührgeräts schaumig schlagen, Ei, Salz und Vanillezucker unterrühren. Nach und nach mit den Knethaken Nüsse und Mehl in den Teig einarbeiten. Den Teig halbieren, unter eine Hälfte das Kakaopulver kneten. Beide Portionen in Klarsichtfolie hüllen und für 1 Std. kalt stellen.

3. Den Backofen auf 190° (Umluft 170°) vorheizen. Zwei Bleche mit Backpapier auslegen. Von beiden Teigen hasel- bis walnussgroße Stückchen abbrechen und zu Kügelchen formen. Diese auf einer Seite

flach drücken. Die *baci* – beide Bleche gleichzeitig – im heißen Ofen 15–20 Min. backen, dabei die Bleche ein oder zwei Mal austauschen.

4. Inzwischen die Schokolade im Wasserbad schmelzen. Unterseiten der *baci* in die heiße Schokolade tauchen oder mit einem Pinsel mit Schokolade bestreichen und jeweils 2 *baci* zusammensetzen. Auf einem Kuchengitter vollständig auskühlen lassen.

GETRÄNK: Recioto di Soave

Beileibe keine Suppe, sondern eine üppige Biskuit-Schichtspeise mit verschiedenen Cremefüllungen.

Zuppa Romana
BISKUITTORTE MIT CREMEFÜLLUNG

FÜR GEÜBTE
KLASSIKER

ZUBEREITUNG: 1 Std. 15 Min.
KÜHLEN: mind. 3 Std.
PRO STÜCK CA.: 370 kcal

ZUTATEN FÜR 1 SPRINGFORM VON 26 CM Ø/12 STÜCK:

Für den Teig:

4 Eier
120 g Puderzucker
40 g Weizenmehl
40 g Stärkemehl
1 Prise Salz
Fett für die Form

Für die Füllung und zum Verzieren:

$1/4$ l Milch
4–5 TL Zucker
Mark von 1 Vanilleschote
$1/2$ Päckchen Vanillepudding-pulver (für gekochten Pudding)
2 Eigelbe
500 g Sahne
100 g Birnen (Dose)
100 g Aprikosen oder Pfirsiche (Dose)
100 g kandierte Früchte
3 EL Birnengeist
50 g Zartbitterschokolade
$1/8$ l Maraschino
$1/8$ l Orangenlikör oder Amaretto

1. Den Backofen auf 175° vorheizen. Eier trennen. Eigelbe mit Puderzucker zu einer cremigen Masse aufschlagen. Mehl und Stärkemehl mischen, Eiweiße mit Salz steif schlagen und beides vorsichtig aber gründlich unter die Eigelbcreme ziehen (Step 1).

2. Den Boden der Springform fetten, die Masse einfüllen und im heißen Ofen (Mitte, Umluft 160°) in etwa 40 Min. goldgelb backen. In der Form auskühlen lassen.

3. Während der Biskuitteig im Ofen ist, für die Füllung aus Milch, 3 TL Zucker, Vanillemark und Puddingpulver nach Vorschrift eine Vanillecreme zubereiten, etwas abkühlen lassen und die Eigelbe unterrühren. 250 g Sahne steif schlagen und unter die erkaltete Creme heben.

4. Die Dosenfrüchte abtropfen lassen, klein würfeln, mit den kandierten Früchten und dem Birnengeist mischen.

5. Die Schokolade im Wasserbad schmelzen und etwas abkühlen lassen. Eine Hälfte der Vanillecreme mit den Früchten, die andere mit der Schokolade mischen.

6. Den Biskuitboden aus der Form lösen und zwei Mal waagerecht durchschneiden (Step 2). Die Liköre mischen.

7. Den untersten Biskuitboden auf eine Servierplatte legen, mit einem Drittel des Likörs beträufeln und mit der Früchtecreme bestreichen. Den mittleren Boden darauf legen, mit einem weiteren Drittel des Likörs beträufeln und mit der Schokoladencreme bestreichen (Step 3). Mit dem letzten Boden bedecken und diesen mit dem restlichen Likör beträufeln.

8. Die Torte für mindestens 3 Std. kalt stellen. Vor dem Servieren die restliche Sahne mit 1–2 TL Zucker steif schlagen und die Torte damit rundum einstreichen bzw. in eine Spritztüte füllen und die Torte dekorativ mit der Sahne verzieren.

GARNIEREN: Die Torte nach Belieben mit kandierten Früchten und gehackten Pistazien garnieren.

VARIANTE: Statt mit geschlagener Sahne kann man die Torte auch mit etwas zurückbehaltener Vanillecreme bestreichen, mit steif geschlagenem Eiweiß verzieren und unter dem Backofengrill goldgelb überbacken.

1. Mehl und steif geschlagenes Eiweiß auf die Eigelbcreme geben, mit dem Spatel vorsichtig unterheben, sodass die Masse möglichst luftig bleibt.

2. Den Biskuitboden zwei Mal durchschneiden – das geht sehr gut mit einem Faden: einfach mittig um den Boden legen, überkreuzen und zusammenziehen.

3. Die Biskuittorte schichten: Auf den ersten Boden Früchtecreme, auf den zweiten Schokoladencreme streichen. Die Böden jeweils mit Likör beträufeln.

Statt mit Walnüssen können Sie die Nusstorte auch mit Haselnüssen oder einer Mischung aus beiden Nusssorten zubereiten.

ZUBEREITUNG: 15 Min.
BACKEN: 45 Min.
PRO STÜCK CA.: 390 kcal

**ZUTATEN FÜR 1 SPRINGFORM
VON 28 CM Ø/12 STÜCK:**

4 Eier
200 g Puderzucker
2 EL Weizenmehl
2 EL Stärkemehl
200 g Walnusskerne, sehr fein gemahlen
Fett für die Form

Für die Füllung und zum Verzieren:

500 g Sahne
2 EL Zucker
12 halbe Walnusskerne

Torta di noci
NUSSTORTE

1. Den Backofen auf 175° vorheizen. Die Eier trennen. Die Eiweiße steif schlagen. Eigelbe und Puderzucker mit den Quirlen des Handrührgeräts zu einer cremigen Masse aufschlagen, Mehl und Stärkemehl unterrühren. Eischnee unterziehen. Die Nüsse mit der Teigmasse gut vermischen.

2. Den Boden der Springform einfetten und die Masse einfüllen. Im heißen Ofen (Mitte, Umluft 160°) etwa 45 Min. backen. Wenn man mit einem Holzstäbchen in den Teig sticht, darf nichts daran kleben bleiben. Den Kuchen in der Form auskühlen lassen.

3. Für die Füllung die Sahne mit Zucker steif schlagen. Den Kuchen aus der Form lösen, einmal waagerecht durchschneiden und mit der Hälfte der Sahne füllen.

4. Die restliche Sahne auf der Torte verteilen und die Torte rundum vollständig damit einstreichen, mit den Walnusskernen verzieren.

GETRÄNK: Picolit

ZUBEREITUNG: 20 Min.
KÜHLEN: 6 Std.
PRO PORTION CA.: 460 kcal

FÜR 4 PERSONEN:

3 Blatt weiße Gelatine
1 Vanilleschote
400 g Sahne
30 g Zucker
100 g Mascarpone
1 TL abgeriebene Schale von einer unbehandelten Zitrone

Panna cotta
SAHNE-MASCARPONE-CREME

1. Die Gelatine in kaltem Wasser einweichen. Die Vanilleschote aufschlitzen und das Mark herauskratzen. Sahne, Zucker, Vanilleschote und -mark aufkochen. Den Topf von der Kochstelle nehmen und die Mischung 5 Min. ziehen lassen, die Vanilleschote entfernen.

2. Die Gelatine gut ausdrücken und in der warmen Vanillesahne auflösen. Mascarpone und Zitronenschale mit einem Schneebesen unter die Creme rühren. Vier kleine Förmchen mit der Creme füllen und diese für mindestens 6 Std. kalt stellen.

3. Vor dem Servieren die Förmchen in ein heißes Wasserbad tauchen. Die Creme mit einem Messer vom Rand lösen und auf Dessertteller stürzen.

GARNIEREN: mit frischen Früchten

TIPP!
Sie können auch ein Fruchtkompott, z. B. von Himbeeren oder Brombeeren, oder Karamellsauce zur *Panna cotta* servieren.

FÜR ANFÄNGER
AUS SÜDITALIEN

ZUBEREITUNG: 20 Min.
GEFRIEREN: 20 Min.
PRO PORTION CA.: 260 kcal

FÜR 4 PERSONEN:

180 g Zucker
2–3 rosa Grapefruits
1 Zitrone
80 ml Campari
$1/4$ l Weißwein
2 Eiweiße

Sorbetto di pompelmo
GRAPEFRUITSORBET

1. Den Zucker mit 200 ml Wasser aufkochen und den Sirup erkalten lassen. Grapefruits auspressen (es soll etwa 200 ml Saft ergeben), den Saft durch ein feines Sieb gießen. Die Zitrone auspressen und ebenfalls passieren.

2. Campari, Wein, Zuckersirup und die Zitrussäfte verrühren. Die Eiweiße halb steif schlagen und unter die Flüssigkeit mischen. Die Masse in eine Sorbetière füllen und gefrieren lassen (siehe Tipp).

3. Das Sorbet mit Hilfe von Spritzbeutel und einer weiten Tülle in Schalen spritzen oder mit einem Löffel einfüllen.

GARNIEREN: mit Zitronenmelisseblättchen

VARIANTE: Anstelle von Grapefruitsaft können Sie auch Orangensaft verwenden.

TIPP!
Wer keine Eismaschine oder Sorbetière besitzt, kann die Masse auch in eine flache Metallschüssel füllen und ins Tiefkühlfach stellen. Nach etwa 30 Min. das erste Mal umrühren, dann alle 10 Min. kräftig durchrühren, damit das Sorbet fein und zart wird.

FÜR ANFÄNGER
AUS DEM LATIUM

ZUBEREITUNG: 10 Min.
KÜHLEN: 1 Std.
PRO PORTION CA.: 430 kcal

FÜR 6 PERSONEN:

250 g Sahne
450 g Ricotta
2 cl Brandy oder Weinbrand
4 EL feines Espressopulver
125 g Puderzucker

Crema di ricotta al caffè
RICOTTA-KAFFEE-CREME

1. Die Sahne steif schlagen, mit Ricotta, Brandy, Espressopulver und Puderzucker gründlich vermengen.

2. Die Creme in sechs Dessertschalen füllen und für mindestens 1 Std. kalt stellen.

GARNIEREN: Die Creme vor dem Servieren mit Schokoladen-Kaffeebohnen verzieren.

TIPP!
Ricotta ist ein Frischkäse aus Kuh- oder Schafmilch-Molke. Für Süßspeisen eignet sich am besten der mildere aus Kuhmilch.

FÜR ANFÄNGER
AUS DER EMILIA-ROMAGNA

ZUBEREITUNG: 10 Min.
MARINIEREN: 2 Std.
PRO PORTION CA.: 85 kcal

FÜR 4 PERSONEN:

500 g reife Erdbeeren
3–4 EL Aceto balsamico
bester Qualität
3 EL Zucker

Fragole all'aceto balsamico
ERDBEEREN MIT BALSAMESSIG

1. Die Erdbeeren waschen, putzen, je nach Größe halbieren oder vierteln und auf Dessertschalen verteilen.

2. Essig darüber träufeln, den Zucker darüber verteilen. Die Früchte vor dem Servieren für 2 Std. kalt stellen.

GARNIEREN: mit Minzeblättchen

Dem berühmten Berg nachempfunden: hoch aufgetürmtes Kastanienpüree, garniert mit viel Sahne – »Schnee«.

Monte Bianco
»MONT BLANC« (KASTANIENDESSERT)

FÜR GEÜBTE
AUS DEM AOSTATAL

ZUBEREITUNG: 25 Min.
GAREN: 1 Std. 15 Min.
KÜHLEN: 2 Std.
BEI 8 PERSONEN
PRO PORTION CA.: 575 kcal

FÜR 6–8 PERSONEN:

1 kg Esskastanien (Maronen)
Salz
1 Vanilleschote
1 l Milch
150 g Zucker
75 ml Rum
500 g Sahne
50 g Puderzucker

1. Die Kastanien mit einem scharfen Messer auf der flachen Seite einritzen und etwa 30 Min. in leicht gesalzenem Wasser köcheln lassen. Abgießen und so heiß wie möglich schälen.

2. Die Vanilleschote aufschlitzen, das Mark herauskratzen. Vanilleschote und -mark mit den Kastanien in einen Topf geben, die Milch dazugießen und bei kleiner Hitze etwa 45 Min. sieden lassen.

3. Die Vanilleschote entfernen, Kastanien in ein Sieb abgießen und im Mixer fein pürieren. Das Püree in eine Schüssel füllen, Zucker und Rum hinzufügen. Alles gut vermischen, 2 Std. abkühlen lassen.

4. Das Kastanienpüree durch ein Spätzlesieb drücken und auf Dessertschalen verteilen. Sahne mit Puderzucker und 1 Prise Salz steif schlagen und das Kastanienpüree damit garnieren.

GARNIEREN: mit kandierten Maronen
GETRÄNK: Vino Santo del Trentino

TIPP!
Wer kein Spätzlesieb hat, kann das Püree auch in einen Spritzsack füllen und kuppelförmig auf die Platte spritzen, oder es auch nur mit Hilfe eines Löffels kuppelförmig anrichten.

Zabaione
MARSALACREME

FÜR ANFÄNGER
AUS SIZILIEN

ZUBEREITUNG: 15 Min.
PRO PORTION CA.: 150 kcal

FÜR 4 PERSONEN:

4 Eigelbe | 4 EL Zucker
abgeriebene Schale von 1 unbehandelten Zitrone
4 EL trockener Marsala
je 2–3 EL Erdbeerstücke, Himbeeren und Johannisbeeren

1. Eigelbe, Zucker und Zitronenschale mit den Quirlen des Handrührgeräts über einem heißen Wasserbad dickschaumig aufschlagen, nach und nach unter weiterem Schlagen den Marsala hinzufügen.

2. Die Creme auf vier Teller verteilen und mit den Beeren dekorieren.

GETRÄNK: Marsala

Besonders in Kampanien sieht und vor allem riecht man die duftenden Zitronenbäume überall.

ZUBEREITUNG: 20 Min.
BACKEN: 1 Std. 20 Min.
PRO STÜCK CA.: 235 kcal

**FÜR 1 KASTENFORM VON
30 CM LÄNGE/20 STÜCK:**

Butter und Mehl für die Form
4 Eier
1 Vanilleschote
280 g weiche Butter
280 g Puderzucker
1 Prise Salz
2 EL Rum (oder Milch)
140 g Mehl
140 g Speisestärke
1 Msp. Backpulver

Torta sabbiosa
SANDKUCHEN

1. Den Backofen auf 175° vorheizen. Eine Kastenform ausfetten und dünn mit Mehl bestäuben. Die Eier trennen. Die Eiweiße steif schlagen. Die Vanilleschote längs aufschlitzen und das Mark herauskratzen.

2. Butter, Eigelbe, Puderzucker, Salz, Rum und Vanillemark in eine Schüssel geben und mit den Quirlen des Handrührgeräts zu einer homogenen Masse aufschlagen. Mehl, Speisestärke und Backpulver mischen und mit dem Eischnee unter die Creme heben. Alles behutsam aber gründlich vermengen.

3. Den Teig in die Kastenform füllen und im heißen Ofen (unten, Umluft 160°) 70–80 Min. backen. Falls die Oberfläche zu schnell sehr braun wird, den Kuchen mit Alufolie bedecken.

4. Der Kuchen ist fertig, wenn an einem hineingesteckten Holzspieß kein Teig mehr kleben bleibt. Anderenfalls den Kuchen noch ein paar Minuten weiterbacken. Den Sandkuchen etwas auskühlen lassen, dann aus der Form lösen und aufschneiden.

GETRÄNK: Moscato d'Asti oder *caffè*

Pesche ripiene

GEFÜLLTE PFIRSICHE

1. Die Pfirsiche waschen, halbieren und entsteinen. Eine ofenfeste Form ausbuttern und die Pfirsichhälften darin nebeneinander anrichten. Die Amaretti zerbröseln (z. B. in eine Gefriertüte füllen und mit einem Nudelholz darüber rollen).

2. Den Backofen auf 180° (Umluft 160°) vorheizen. Zucker, Kakaopulver, Eigelb, Rum und Amarettibrösel miteinander vermengen. Die Mischung über die Pfirsichhälften verteilen. Jeweils 1 Butterflöckchen darauf setzen.

3. Die Pfirsiche im heißen Ofen (Mitte) etwa 20 Min. backen, leicht abkühlen lassen, mit Puderzucker bestreuen. Lauwarm servieren

GARNIEREN: mit Zweigen von Zitronenmelisse

FÜR GEÜBTE
AUS SIZILIEN

ZUBEREITUNG: 35 Min.
PRO PORTION CA.: 315 kcal

FÜR 4 PERSONEN:

4 reife, feste weiße Pfirsiche (am besten Weinbergpfirsiche)

Butter für die Form

80 g Amaretti (italienische Mandelmakronen)

2–3 EL Zucker

1 EL Kakaopulver

1 Eigelb

50 ml Rum

Butterflöckchen

Puderzucker zum Bestreuen

Statt mit Orangen kann man das Tiramisu auch mit Beeren zubereiten. Dann allerdings auf das Orangeat verzichten.

Crostata di limone
ZITRONENTARTE

1. Aus Mehl, Butterflöckchen, Zucker, Salz und Eigelb einen festen Teig kneten, eventuell tröpfchenweise noch etwas Wasser hinzufügen. Den Teig in Klarsichtfolie wickeln und für 1 Std. kalt stellen.

2. Backofen auf 180° (Umluft 160°) vorheizen. Den Teig auf einer bemehlten Fläche rund ausrollen, die Tarteform damit auslegen und einen 2 cm hohen Rand hochziehen. Mit Back- oder Pergamentpapier abdecken und mit etwa 300 g Hülsenfrüchten belegen. Die Tarte im heißen Ofen (Mitte) 10 Min. vorbacken.

3. Inzwischen für den Belag Eier und Eigelb mit dem Zucker zu einer hellen schaumigen Creme aufschlagen. Zitronenschale und -saft unterrühren. Die Sahne steif schlagen und unterziehen.

4. Vom Tarteboden Papier und Hülsenfrüchte entfernen, die Zitronencreme einfüllen und die Tarte in etwa 45 Min. bei 160° (Mitte, Umluft 150°) fertig backen. In der Form abkühlen lassen.

5. Den Backofengrill vorheizen, die Zitronentarte mit dem Puderzucker bestäuben und für 1 Min. unter den Grill stellen, bis die Oberfläche knusprig goldbraun ist. Sofort servieren.

GETRÄNK: Zitronenlikör (Limoncello)

FÜR ANFÄNGER
AUS SIZILIEN

ZUBEREITUNG: 30 Min.
RUHEN: 1 Std.
BACKEN: 55 Min.
PRO STÜCK CA.: 245 kcal

FÜR 1 TARTEFORM VON 28 CM Ø/16 STÜCK:

Für den Teig:
250 g Mehl | 125 g kalte Butter
70 g Zucker | 1 Prise Salz
1–2 Eigelbe
abgeriebene Schale von
$1/2$ unbehandelten Zitrone

Für den Belag:
4 Eier | 1 Eigelb
200 g Zucker
abgeriebene Schale von
1 $1/2$ unbehandelten Zitronen
Saft von 2 $1/2$ Zitronen
125 g Sahne

Außerdem:
Hülsenfrüchte zum Blindbacken
2–3 EL Puderzucker zum Besieben

Tirami su all'arancia
TIRAMISU MIT ORANGEN

1. Die Gelatine in kaltem Wasser einweichen. Die unbehandelte Orange heiß waschen, trocknen und die Schale dünn abreiben. 2 Orangen auspressen (das sollte 100 ml Saft ergeben).

2. Die Eigelbe mit Puderzucker zu einer hellen Creme aufschlagen, Mascarpone, Orangeat, Orangenschale und -saft sowie 5 EL Orangenlikör untermischen. Die Gelatine in ganz wenig heißem Wasser auflösen und rasch unter die Creme rühren. Eiweiße und Sahne getrennt steif schlagen, zuerst das Eiweiß, dann die Sahne unter die Creme ziehen.

3. Den Espresso mit dem restlichen Orangenlikör mischen. Eine Form mit 15 Löffelbiskuits auslegen und diese mit der Hälfte des Espressos tränken. Die Hälfte der Creme darüber verteilen, die restlichen Biskuits darauf legen und mit dem übrigen Espresso beträufeln. Die restliche Creme darüber streichen und das Tiramisu für mindestens 4 Std. kalt stellen.

4. Die übrigen Orangen dick schälen, alles Weiße entfernen, Orangenfilets aus den Trennhäuten schneiden. Das Tiramisu mit Kakaopulver bestreuen und mit den Orangenfilets dekorieren.

FÜR ANFÄNGER
KLASSIKER AUF NEUE ART

ZUBEREITUNG: 40 Min.
KÜHLEN: 4 Std.
BEI 8 PERSONEN
PRO PORTION CA.: 470 kcal

FÜR 6–8 PERSONEN:

4 Blatt Gelatine
4 Orangen, davon 1 unbehandelt
5 Eigelbe | 100 g Puderzucker
250 g Mascarpone
50 g fein gehacktes Orangeat
8 EL Orangenlikör
3 Eiweiße | 125 g Sahne
$1/4$ l starker Espresso
30 Löffelbiskuits
Kakaopulver zum Bestäuben

Italienische Kaffeevielfalt: oben *caffè macchiato* (links) und *caffè shakerato*, unten von links nach rechts Espresso (*caffè*), *caffè ghiacciato* und *caffelatte*.

Die *coffettiera* besteht aus drei Teilen: Unten wird Wasser eingefüllt, darauf kommt der Filter mit dem Kaffeepulver. Durch diesen wird das kochende Wasser nach oben in die Kanne gepresst. Die *caffettiera* noch bevor alles Wasser durchgepresst ist, von der Kochstelle nehmen, sonst schmeckt der Kaffee angebrannt.

Caffè, Vino

Die Kaffeekultur (italienisch *caffè*) ist in Italien stark ausgeprägt und wird geradezu rituell zelebriert. Kaffee begleitet den gesamten Tagesablauf – vom Frühstück bis zum letzten Digestif. »Gehen wir einen Kaffee trinken« – ist nach der Begrüßung eines zufällig getroffenen Bekannten fast obligatorisch. Kein Wunder, dass es wohl in keinem anderen europäischen Land so viele Tagesbars gibt, die außer den verschiedensten Kaffeespezialitäten auch andere Getränke und *spuntini*, also Häppchen wie Toasts und belegte Brote (*panini*) anbieten.

Der kleine Schwarze

Der italienische Espresso ist – obwohl die Bohnen, aus denen er hergestellt wird, viel stärker geröstet sind und der Kaffee damit sehr dunkel ist – bekömmlicher als der in Deutschland gebrühte Filterkaffee. Das liegt vor allem daran, dass stark gerösteter Kaffee weniger Säuren enthält als nur mild geröstete Bohnen. Natürlich gelingt ein Espresso am besten mit einer professionellen und entsprechend teuren Espressomaschine – hier erhält er seine typische *crema*, die hellbraune schaumige Schicht auf der Oberfläche. Für den Hausgebrauch gibt es aber auch bezahlbare Alternativen.

In italienischen Haushalten verwendet man vor allem die *caffettiera*, eine Kanne, die es in verschiedenen Größen gibt, in der der Kaffee direkt auf der Kochstelle gebrüht wird (siehe auch die Randspalte links).

Der richtige Kaffee zur rechten Zeit

Ein *caffè* nach dem Essen ist für Italiener obligatorisch – und zwar schwarz, aus einer kleinen Tasse, gerne auch als *caffè corretto*, also mit einem Schuss Grappa oder Weinbrand »korrigiert«. Cappuccino oder Milchkaffee in großen Tassen serviert kommen für Italiener nach dem Essen nicht in Frage. Milchkaffee ist zum Frühstück, zusammen mit einem Croissant beliebt, und Cappuccino trinken Damen gerne am Nachmittag nach dem Shopping mit ihren Freundinnen zu einem Stückchen Kuchen.

Kleine Caffè-Kunde

Caffè ist in Italien immer ein Espresso; er wird sehr schwarz, heiß und meist mit viel Zucker getrunken.

Caffè macchiato bedeutet wörtlich »befleckter Kaffee«: ein Espresso mit einem Schuss Milch. (Die umgekehrte Version ist *Latte macchiato*, im hohen Glas serviert.)

Caffè e latte (caffelatte) Milchkaffee; er besteht zu gleichen Teilen aus verdünntem Espresso und heißer Milch.

Caffè corretto »korrekter« Kaffee; Kaffee, der durch Zugabe von Alkohol (Grappa oder Weinbrand im Norden, Anisschnaps im Süden) »korrigiert« wird.

Caffè shakerato vor allem in Süditalien beliebter kalter, mit Eiswürfeln aufgeschüttelter Kaffee; wird in hohen Gläsern serviert.

Caffè ghiacciato Eiskaffee; kalter verdünnter Kaffee, serviert mit einer Kugel Vanilleeis und Sahnehaube

Caffè ristretto doppelt konzentrierter und entsprechend starker, herber Kaffee; wird in einem Zug ausgetrunken.

Cappuccino Mischung aus Espresso und aufgeschäumter Milch, in einer großen Tasse serviert und mit Kakaopulver bestäubt, wahlweise mit oder ohne Sahne.

Die Weine Italiens

Aufgrund der geographischen Verhältnisse finden sich in Italien von Norden bis Süden eine Vielfalt von Lagen und Mikroklimazonen, die für den Weinbau äußerst günstig sind. Mittlerweile übertrifft Italien, was die Weinproduktion betrifft, mengenmäßig sogar Frankreich. War der Weinbau in früheren Zeiten ausschließlich von lokaler Bedeutung, so hat sich in letzter Zeit ein Wandel zu Spitzenqualitäten mit anspruchsvollen Weinen gezeigt, die regelmäßig auf internationalen Fachmessen die höchsten Preise und Benotungen einheimsen.

Einige der besten Weine der Welt kommen aus Italien, beispielsweise der Barolo aus dem Piemont, der Brunello aus der Toscana oder der Südtiroler Gewürztraminer. Italien baut auch eine schier unglaubliche Menge an verschiedenen Rebsorten an, allein 19 in Südtirol. Die Kategorien reichen von DOCG (*denominazione di origine controlata e garantita* = kontrollierte und garantierte Herkunftsbezeichnung) über DOC und IGT (*indicazione geografica tipica* = Tafelwein mit geographischer Herkunftsbezeichnung, unterliegt aber nicht so strengen Richtlinien wie ein DOC-Wein) bis zum einfachen *vino da tavola,* der in manchen Gegenden aber ausgezeichnet sein kann.

ITALIENISCHES WEINGLOSSAR

amabile	lieblich
amaro	bitter
annata	Jahrgang
bianco	weiß
bottiglia	Flasche
cantina	Weinkeller(ei)
chiaretto	Rosé
classico	klassisch
dolce	süß
enoteca	Vinothek
frizzante	perlend
nero	tief dunkelrot
produttore	Erzeuger
rosato	Rosé
rosso	rot
secco	trocken
semisecco	halbtrocken
uva	Traube
vigna, vigneto	Weinberg
vino liquoroso	Likörwein
vino spumante	Schaumwein
vitigno	Traubensorte

Deko für jeden Tag

Italiener dekorieren ihre Tafeln – zumindest für jeden Tag – gar nicht oder nur sehr spärlich. Auch italienische Lokale sind meist nicht geschmückt, es sei denn, zu einem bestimmten Anlass wie Ostern, Weihnachten, Geburtstag, Hochzeitstag.

1. Einfach weiß

Fast immer bildet ein weißes Tischtuch die Unterlage für einfaches weißes Geschirr aus Keramik oder Porzellan. Wenn die Tafel einen etwas rustikaleren Touch haben soll, eignet sich innen weiß glasiertes Tongeschirr. Zusätzlich können Sie Tischsets aus naturfarbenem Bast oder Kork verwenden. Am besten passen weiße Papierservietten dazu – sie können natürlich auch aus Leinen oder Damast sein.

2. Die farbige Alternative

Ein wenig aufwändiger ist es, einen Tisch in den italienischen Nationalfarben rot-weiß-grün zu dekorieren. Decken Sie dafür den Tisch mit einer roten oder grünen Lack- oder auch Leinentischdecke oder mit roten und/oder grünen Tischsets. Auch die Wassergläser können in denselben Farben gehalten sein. Das Geschirr sollte wieder schlicht weiß sein – z. B. mit dem typisch italienischen Reliefrand.

3. Partydeko

Originell und insbesondere für die italienische Party geeignet: Eine Deko mit einer einfachen weißen Tischdecke – sie kann auch aus Papier sein –, auf die man mit Buntstiften die Umrisse Italiens oder z.B. Siziliens oder Sardiniens zeichnet, dazu berühmte Monumente, Obst, Trauben, Fische – alles, was man im letzten Urlaub gesehen oder gegessen hat.

4. Für Brot und Wein

In Tonkaraffen bleiben Wein- und Wasserflaschen lange kühl. Sie sollten vor dem Gebrauch für etwa 15 Minuten in kaltes Wasser gestellt werden. Ganz stilecht servieren Sie einfache Landweine in den typisch italienischen Glaskaraffen mit dem eingeprägten Lockenkopf. Es gibt sie in den Maßen $1/8$, $1/4$, $1/2$, 1 und 2 Liter. Die passenden schlichten Gläser finden Sie in italienischen Feinkostläden oder im gut sortierten Fachhandel. Niemals fehlen darf auf dem Tisch das Brot- und Grissinikörbchen, denn Brot wird sowohl zu Antipasti und Salaten wie auch zu den Hauptgängen gegessen.

5. Für die Pasta

Für den ersten Gang, bzw. falls es eine reine Pastaparty wird: Nudelgerichte kann man in großen – vorgewärmten – Schalen am besten umrühren, und lange Nudeln lassen sich am besten mit einer Spaghettizange auf die Teller heben. Besteck aus Olivenholz passt gut dazu, auch Servietten mit einem originellen Aufdruck.

6. Für den Fisch

Falls Sie ein Fischmenü servieren, bauen Sie doch einmal eine »maritime« Tafel auf: Den Tisch mit Muscheln, Netzen (Tüll) sowie mit Fischen, Seepferdchen, Krabben etc. aus Plastik oder Keramik und wassergefüllten Glasschalen mit Schwimmkerzen in Fisch- oder Muschelform dekorieren. Dazu passt gut Geschirr aus blauer Keramik und zartblaue Gläser.

Artischocken erfreuen nicht nur Feinschmecker, sie sind auch ein Augenschmaus.

Im gefalteten Namensschild (siehe die Steps rechts) findet sich die Menüfolge.

Leuchtend gelbe Akzente setzen frische Zitronen auf der weißen Tafel.

Essig und Öl für den Salat und auch zum Nachwürzen dürfen keinesfalls fehlen.

Gäste einladen und Dekos fürs Gastmahl

Italien ist ein sehr gastfreundliches Land, Italiener laden Freunde und Verwandte gerne zum Essen ein – und das nicht nur zu besonderen Gelegenheiten. Anlass für ein Essen in geselliger Runde geben zum Beispiel auch ein paar Flaschen eines aus dem Urlaub mitgebrachten Weines, die es zu probieren gilt, oder einfach nur die Vorstellung eines neuen Pasta-Rezepts.

Die Einladung, das Gastgeschenk

Lädt man sonntags ein, dann meist zum Mittagessen, das sich dann gut und gerne bis zum frühen Abend hinziehen kann. Abendeinladungen beginnen nicht vor 20 Uhr, und auch hier wird stundenlang mit Muße gespeist. Wie man es hier zu Lande auch kennt, haben die Gäste zumeist ein kleines Mitbringsel dabei, z. B. einen Blumenstrauß, eine Topfpflanze oder auch eine Flasche bestes Olivenöl.

Zu ganz besonders festlichen beziehungsweise offiziellen Anlässen wird – wie bei uns auch – natürlich schriftlich eingeladen, der Normalfall ist aber die mündliche, telefonische oder persönliche Einladung.

Der gelungene Auftakt, der stilvolle Abschluss

Man beginnt das Abendessen fast immer mit einem Apéritif, z. B. einem Glas Prosecco, Weißwein oder einem eisgekühlten Martini, der oft noch im Stehen eingenommen wird. Die Antipasti stehen derweil schon auf dem gedeckten Tisch, auf dem weiterhin Brot- und Grissinikörbchen obligatorisch sind, ebenso ein Essig-und-Öl-Behälter, Salz und eine Pfeffermühle.

Nach dem Essen wird immer Kaffee angeboten – die meisten Italiener trinken ihren *caffè* natürlich schwarz beziehungsweise mit lediglich ein paar Tröpfchen Milch oder Sahne. Verschiedene Digestifs stehen ebenfalls auf einem Beistelltisch bereit – zur Grundausstattung der italienischen Hausbar gehören Grappa, Weinbrand und Kräuterschnaps wie Fernet Branca.

Italienisches Flair für Ihr Fest

Verwöhnen Sie Ihre Gäste doch einmal an einer edel gestylten italienischen Tafel! Eine weiße Tischdecke – sehr schön sieht natürlich eine Spitzendecke aus – bildet die Unterlage. Ein eleganter Kristallkühler für Prosecco oder Spumante wird mit Eis und Wasser und blühenden Oleanderzweigen gefüllt. Minimalistischer, aber nicht weniger dekorativ sind Artischocken in kleinen weißen Blumentöpfchen.

Dazu harmoniert Fayence-Geschirr, das es in verschiedenen Farbkompositionen gibt sowie schlichte, aber hochwertige Gläser für Sekt, Weiß- und Rotwein sowie für den Digestif. Auf einem Beistelltischchen können Sie für später schon kleine Espresso-Tassen bereitstellen.

Die kombinierten Platz- und Menükarten, die links abgebildet sind, können Sie – am besten aus weißem oder sandfarbenem Karton – selbst basteln und mit goldenem Filzstift beschreiben (siehe die Steps rechts).

Sind die Menü- und Namenskarten geschrieben, lässt sich mit wenigen Accessoires italienisches Flair zaubern. Das Menü spricht für sich.

MUSIKTIPP!

Die passende Musik zum Menü verbreitet schon beim Aperitif die richtige Stimmung. Und hier ist Klassisches, etwa von Vivaldi, Verdi oder Rossini genauso vorstellbar wie moderne Popmusik von Gianna Nannini oder Adriano Celentano. Aber vielleicht haben Sie auch Volksmusik aus der einen oder anderen Region mitgebracht oder rein Instrumentales wie Mandolinen-Musik. Urlaubserinnerungen wecken sicher auch die Schnulzen aus den 50er und 60er Jahren von Domenico Modugno, Adamo, Ornella Vanoni oder Milva. Intellektuell angehaucht sind die wunderschönen Balladen von Paolo Conte. Zucchero oder Eros Ramazotti bringen ebenfalls italienisches Flair ins Haus.

Servieren Sie als Antipasti Porzellanteller mit rohem Gemüse und dazu kleine Schälchen mit Essig und Öl zum Eintunken *(pinzimonio)*. Und für den Hauptgang, beziehungsweise den Salat dazu, sieht ein separater Behälter für Essig- und Ölflasche aus Silber oder versilbert auf dieser Tafel am schönsten aus.

1. Für Menükarten hellen Karton in gleichen Abständen zum leichteren Knicken mit der stumpfen Seite des Messers quer falzen.

2. Das Blatt an den Falzen zieharmonikaartig falten, oben mit dem Namen und innen mit den Menügängen beschriften.

3. Die Karton-»Zieharmonika« quer mit einem Bändchen zubinden und mit einem Kräutersträußchen verzieren.

Menüvorschläge

Menü aus dem Piemont
Bagna cauda (27)
Tonno di coniglio (36)
Brasato al Barbera (86)
Baci di dama (138)

Menü aus Venetien
Stocafisso mantecato (26)
Fegato alla veneziana (80)
Radicchio fritto (134)
Torta sabbiosa (148)

Menü aus der Emilia Romagna
Maccheroni alla bolognese
  (ohne Rezept)
Stinco di vitello al limone (89)
Fragole all'aceto balsamico (144)

Menü aus Ligurien
Focaccia al rosmarino (40)
Insalata di orzo con polipo (32)
Cima alla genovese (88) oder Baccalà
  alla genovese (102)

Menü aus der Toskana
Crostini (38)
Cacciucco alla livornese (116) oder
  Arista alla fiorentina (78)
Cipolle ripiene agli amaretti (130)
Fagioli all'uccelletto (120)

Menü aus Südtirol
Zigorisalat (34)
Spinatspätzle mit Schinken (52)
Spargel mit Bozener Sauce (124)
Apfelstrudel (ohne Rezept)

Menü aus Umbrien
Pasta ai cinque formaggi (50)
Salsiccie alle uve (78)
Lenticchie in umido (122)
Panna cotta (142)

Menü aus dem Latium
Bucatini all'amatriciana (48)
Abbacchio – Milchlamm, gebraten
  oder geschmort (ohne Rezept)
Sformato di sedano rapa
  alla crema (120)
Crema di ricotta al caffè (144)

Menü aus Sardinien
Insalata di mare (30)
Coscia di agnello alle verdure (90)
Seadas (138)

Menü aus Sizilien
Baccalà agrodolce (28)
Spaghetti al pesto siciliano (50)
Quaglie all'arancia (97)
Peperonata (126)
Caponata (128)

Menü aus Kampanien
Insalata di arance (34)
Pizza Margherita (70)
Spaghetti alle vongole (48)
Crostata di limone (150)

Menü aus der Lombardei
Risotto alla milanese (62)
Ossobuco alla milanese (82)
Monte Bianco (146)

Süditalienisches Menü
Mozzarella in carrozza (40)
Bavette con pesce spada
  e menta (54)
Orata alla pugliese (114)
Cime di rapa stufate (134)

Norditalienisches Menü
Prugne valligiane (24)
Prosciutto con fichi (32)
Pasta e ceci (46)
Arrosto di maiale alle prugne (76)
Torta sabbiosa (148)

Frühlingsmenü
Insalata di catalogna (30)
Fettuccine all'abruzzese (46)
Coniglio in umido (92)
Fragole all'aceto balsamico (144)

Sommermenü
Peperoni all'aglio (24)
Crema di rucola (66)
Quaglie all'arancia (97)
Pesche ripiene (149)

Herbstmenü
Anguilla in carpione (28)
Spaghetti alle olive (52)
Cinghiale dolceforte (98)
Seadas (138)

Wintermenü
Olive farcite (36)
Risotto alla Toscana (64)
Stufato di castrato con
  lenticchie (92)
Zuppa Romana (140)

Fischmenü
Anguilla in carpione (28)
Spaghetti alle vongole (48)
Muggine al sale (106)
Lasagne con gamberi e polipo (110)

Bezugsadressen, Infos, Literatur

BEZUGSADRESSEN FÜR WEINE UND FEINKOST

Meraner Weinhaus,
Günther Hölzl,
Romstr. 76,
I-39012 Meran,
T: 0039-0473-232253,
mail: meraner.weinhaus@dnet.it
Engros und Detailverkauf aller italienischen und Südtiroler Spitzenweine, auch Versand
Das Meraner Weinhaus ist von der Fachzeitschrift »Bibenda« und der italienischen Sommeliervereinigung mit dem »Oskar del Vino 2004« ausgezeichnet worden und gilt damit offiziell als beste Vinothek Italiens.

www.leverno.de
Feinkost aus Italien zum Bestellen

www.slowfood.de
Unter dem Suchwort Italien finden sich u. a. Informationen über italienische Weine, Olivenöle, Salami, Käse, über Bezugsquellen für Delikatessen aus Italien, aber auch über die kulinarischen Provinzen Italiens.

ITALIEN KULINARISCH

Eine kulinarische Entdeckungsreise durch Südtirol
Cornelia Zingerling
Umschau, 2003

Schlemmerreise Italien
Michael Harles, Conny und
Werner Teufl
TR-Verlagsunion, 4. Aufl. 2002
Buch zur Fernsehserie des Bayerischen Rundfunks

www.essen-und-trinken.com
Rezepte, Lifestyle

INFORMATIONEN ZU SPEZIALITÄTEN AUS ITALIEN

Aceto Balsamico, Balsamessig – von der edlen Würze aus Traubenmost
Slow Food/Edition Spangenberg
Droemer Knaur, 1995
(nur noch im modernen Antiquariat erhältlich)

www.essigladen.de
Online-Shop für Essig- und Öl-Spezialitäten

Die Olive
Horst Schäfer-Schuchardt, Verlag
Das Andere, 1998
(nur noch im Antiquariat erhältlich)

www.pane.org
Informationen zu Südtiroler Brot

Vini d' Italia 2004 – 1937 Produzenten und 14 208 Weine.
Gambero Rosso, Slow Food,
Hallwag, 2004

www.wein-gourmet-club.com
Kulinarische Entdeckungsreisen durch die ganze Welt, Schwerpunkt Wein

www.wein-espresso.de
Lifestyle

ITALIENISCHE TISCHKULTUR

www.4c-alessi.de
Homepage der Firma Alessi

www.laporcellanabianca.it
weißes Porzellan

www.espressoonline.de
Informationen der Firma Illy über Kaffee, Espresso etc.

ITALIEN TOURISTISCH UND KULTURELL

www.italianita.de
Wissenswertes über Italien allgemein

www.discoveritalia.de
Tourismusportal für alle Themen rund um Italien

www.incontri-culturali.de
italienische Sprach-, Mal- und Kochkurse

www.restaurantguide.to/italy/de
Restaurantführer der kulinarisch interessantesten Länder Europas

REISELITERATUR, BELLETRISTIK

DuMont-Kunstreiseführer
Es existieren Führer zu allen italienischen Regionen.

Dumont-Reihe »Reisen für Genießer«
Bisher erschienen: Gardasee, Piemont, Toscana

Italienische Reise
Johann Wolfgang von Goethe

Italien
Heinz-Joachim Fischer
Prestel, 1999
(nur noch im modernen Antiquariat erhältlich)

und – zum Schmökern im Italienurlaub bzw. zur Einstimmung darauf –
die Kriminalromane *von* Donna Leon

Rezept- und Sachregister

Damit Sie Rezepte mit bestimmten Zutaten noch schneller finden können, stehen in diesem Register zusätzlich auch Hauptzutaten wie Tomaten, Ricotta, Oliven sowie die Gerichtearten (Suppe, Salat, Eintopf …) – ebenfalls alphabetisch geordnet und **halbfett** gedruckt – über den entsprechenden Rezepten.

GENIESSERKÜCHE

...für alle, die das Echte schätzen

Dara Spirgatis | Margit Proebst

Thailand

Kochen und verwöhnen mit Originalrezepten

ISBN
3-7742-6627-1
19,90 € [D]

ISBN
3-7742-6626-3
29,90 € [D]

ISBN
3-7742-2790-X
29,90 € [D]

Köstliche Rezepte aus aller Welt entführen Auge und Gaumen auf eine kulinarische Reise rund um die Welt und verheißen Genuss pur.

Gutgemacht. Gutgelaunt.

Die Autorin

CORNELIA ZINGERLING-HALLER ist gebürtige Rheinländerin. Sie hat schon zahlreiche Kochbücher, Ratgeber und kulinarische Reiseartikel veröffentlicht. Seit 25 Jahren lebt Frau Zingerling-Haller in Südtirol und kennt Italien sehr gut: Auf unzähligen Reisen von Nord bis Süd hat sie immer besonders die authentische *cucina della mamma* fasziniert, die die Grundlage der modernen italienischen Küche ist. Daher hat die Autorin im Laufe der Zeit eine umfangreiche Rezeptsammlung angelegt.

Die Fotografin

BARBARA LUTTERBECK zählt zu den Top Ten der deutschen Foodfotografen. In ihrem Kölner Fotostudio arbeitet sie für internationale Auftraggeber aus Industrie und Verlagen. Foodfotografie ist neben Landschafts- und Reisefotografie ihr Lieblingsgebiet. Auch für dieses Buch sind die Reportagebilder direkt vor Ort in Italien entstanden.

Bildnachweis

ALLE BILDER:
Barbara Lutterbeck, Köln
**AUSSER S. 6 RE UNTEN UND S. 17
2. BILD VON LINKS:** Franz Haller

PROGRAMMLEITUNG: Doris Birk
LEITENDE REDAKTEURIN:
Birgit Rademacker
KONZEPT UND REDAKTION:
Stefanie Poziombka
REDAKTIONSASSISTENZ:
Tanja Germann
LEKTORAT: Claudia Schmidt
KORREKTORAT: Susanne Elbert
LAYOUT, TYPOGRAPHIE, UMSCHLAGGESTALTUNG:
independent Medien-Design, München
HERSTELLUNG: Susanne Mühldorfer
SATZ: Filmsatz Schröter, München
REPRODUKTION:
Repro Ludwig, Zell a. See
DRUCK: Appl, Wemding
BINDUNG: Conzella, München
ISBN 3-7742-6628-X

Auflage	4.	3.	2.	1.
Jahr	2007	06	05	04

DAS ORIGINAL MIT GARANTIE

IHRE MEINUNG IST UNS WICHTIG. Deshalb möchten wir Ihre Kritik, gerne aber auch Ihr Lob erfahren. Um als führender Ratgeberverlag für Sie noch besser zu werden. Darum: schreiben Sie uns! Wir freuen uns auf Ihre Post und wünschen Ihnen viel Spaß mit Ihrem GU-Ratgeber.

UNSERE GARANTIE: Sollte ein GU-Ratgeber einmal einen Fehler enthalten, schicken Sie uns das Buch mit einem kleinen Hinweis und der Quittung innerhalb von sechs Monaten nach dem Kauf zurück. Wir tauschen Ihnen den GU-Ratgeber gegen einen anderen zum gleichen oder ähnlichen Thema um.

Ihr
GRÄFE UND UNZER VERLAG
Redaktion Kochen & Verwöhnen
Postfach 860325
81630 München
Fax: 089/41981-113
e-mail:
leserservice@graefe-und-unzer.de

Hinweis!

Die Temperaturstufen bei Gasherden variieren von Hersteller zu Hersteller. Welche Stufe Ihres Herdes der jeweils angegebenen Temperatur entspricht, entnehmen Sie bitte der Gebrauchsanweisung.

GRÄFE UND UNZER

Ein Unternehmen der
GANSKE VERLAGSGRUPPE